Knaur

Von Josef Kirschner ist bei Knaur außerdem erschienen:

Die Egoisten-Bibel (ISBN 3-426-82327-6)
Das Egoisten-Training (ISBN 3-426-77561-5)
Hilf Dir selbst, sonst hilft Dir keiner (ISBN 3-426-82339-X)
Die 100 Schritte zum Glücklichsein (ISBN 3-426-82300-4)
So lernen Sie, sich selbst zu lieben (ISBN 3-426-82215-6)
Manipulieren, aber richtig (ISBN 3-426-82295-4)

Über den Autor:

Josef Kirschner, Jahrgang 1931, lebt heute – nach einer steilen Karriere als Chefredakteur, TV-Moderator und Lehrbeauftragter an der Wiener Universität – so, wie es allen gescheiten Egoisten erstrebenswert scheint: »Frei und glücklich aus eigener Kraft, auch wenn es anderen nicht gefällt.«

Josef Kirschner

Das Partner-Training

Zuerst allein, dann gemeinsam

Knaur

Besuchen Sie uns im Internet:
http://www.droemer-knaur.de

»Der Sinn einer Partnerschaft
besteht darin, gemeinsam die
Probleme des Lebens besser
zu lösen, als Du sie allein
lösen könntest.«

Aus der »Egoisten-Bibel«

Inhalt

Warum Egoisten bessere Partner sind als alle die Leute, die mit sich selbst nicht fertig werden

Lieber Leser, liebe Leserin, in uns allen steckt eine tiefe Sehnsucht nach Gemeinsamkeit, Harmonie und Geborgenheit. Aber kaum haben sich zwei Menschen gefunden, beginnt der Kampf um die Vorherrschaft.

Warum, denken Sie, ist das so?

Vermutlich liegt es daran, dass man uns ein Leben lang zu guten Bürgern erziehen will, obwohl wir dazu gar nicht fähig sind. Ständig redet man uns ein, wir müssten Rücksicht nehmen und für andere Menschen Opfer bringen. Aber niemand fordert uns auf, zuerst an unser eigenes Glück zu denken, ehe wir uns um das Wohl der anderen kümmern.

»Das wäre ja der reinste Egoismus«, sagen Sie jetzt vielleicht. Na und? In Wahrheit sind wir doch alle Egoisten, nur die wenigsten von uns machen das Beste daraus. Wir tun es nicht. Aus Angst davor, nicht als der rücksichtsvolle, anständige Mitbürger zu gelten, den sich alle wünschen.

Beziehungen scheitern nicht am gesunden Egoismus der Partner, sondern an der Angst, ihn sich gegenseitig einzugestehen. Man schwört einander »Ich liebe dich«, aber keiner fragt sich ehrlich: »Liebe ich mich eigentlich selbst genug?«

14

Haben Sie sich schon einmal gefragt, wie eine Beziehung enden muss, wenn sich jeder auf den anderen verlässt, aber keiner imstande ist, seine eigenen Probleme zu lösen?

Was sind das eigentlich für Probleme, an denen so viele Partnerschaften scheitern? Ist es das Geld, der Ehrgeiz, die Eifersucht oder einfach nur die Erkenntnis, dass man einander nichts mehr zu sagen hat?

Der wahre Grund ist vermutlich ganz einfach: Niemand hat uns beigebracht, wie wir das Prinzip des Gegeneinander im Alltagskampf in der Partnerschaft durch das Prinzip des Miteinander ersetzen können.

»Das Partner-Training« ist der Versuch, Sie mit einigen Regeln des Zusammenlebens vertraut zu machen, die Ihnen vielleicht noch niemand so unverblümt bewusst gemacht hat. Dabei geht es immer nur um das eine große Ziel: »Wir wollen gemeinsam mehr erreichen, als jeder allein für sich erreichen könnte.«

So selbstverständlich Ihnen dieses Vorhaben auch erscheinen mag: Machen Sie sich keine falschen Hoffnungen. Sie können es nur erreichen, wenn jeder bereit ist, für sich selbst das Beste zu wollen, damit er imstande ist, mit dem Partner gemeinsam mehr zu erreichen.

»Mehr an was?«, fragen Sie jetzt vielleicht. Mehr von dem, was Ihnen niemand geben kann, auch wenn Sie ihm noch so viel Geld, Erfolg oder Liebe bieten: gemeinsame Freiheit und gemeinsames Glück.

Elf Regeln der Partnerschaft

1. Finden Sie gemeinsam Ihre eigenen Maßstäbe des Zusammenlebens, statt blind die Fehler anderer immer wieder nachzumachen.

2. Versprechen Sie einander nichts, von dem Sie nicht sicher wissen, dass Sie es halten können.

3. Erwarten Sie vom Partner nicht, dass er nachher ein anderer Mensch als vorher ist. Auch dann nicht, wenn er es feierlich schwört.

4. Fordern Sie vom Partner nichts. Wenn er nicht selbst weiß, was er in die Beziehung einbringen muss, hält sie sowieso nicht lange.

5. Wer für den Partner immer nur Opfer bringt, hilft ihm nicht. Er ermuntert ihn nur dazu, immer noch ein bisschen mehr zu verlangen und sich selbst zu verleugnen.

6. Es ist nicht wichtig, wer Recht hat, sondern was recht ist. Wer immer nur Recht haben möchte, will keinen Partner, sondern einen Bewunderer, der keine eigene Meinung hat.

7. Erwarten Sie Ihr Glück von niemand anderem als von sich selbst. Nur wer selbst glücklich ist, kann das Glück mit Ihnen teilen.

8. Liebe allein löst keine Probleme. Sie schafft immer neue.

9. Es ist besser, eine Stunde lang heftig zu streiten, als ein Problem aus Angst oder Rücksicht für immer zu verdrängen.

10. Jede Aggression gegen den Partner ist immer eine Aggression, mit der Sie selbst nicht fertig geworden sind.

11. Partnerschaft ist ein gemischtes Doppel, in dem alle Probleme der gemeinsame Gegner sind.

Viele Leute stolpern so ahnungslos in eine Beziehung, als wollten sie den Nordpol in Sandalen erobern

Ungezählte Beziehungen in unserer Gesellschaft scheitern an der Kluft zwischen Erwartung und Realität. Sie beginnen mit dem feierlichen Versprechen, einander zu lieben und in Freud und Leid zusammenzustehen, bis »dass der Tod uns scheidet«.

Und wo enden sie? Sie enden in Enttäuschung oder Resignation. Sehr oft auch im Fegefeuer eines Scheidungskrieges, aus dem meistens alle Beteiligten als Verlierer auf der Strecke bleiben. Anwälte natürlich ausgenommen.

Woran liegt es, dass für so viele Menschen die Hochzeit nichts anderes ist als die feierliche Ouvertüre eines quälenden Trauerspiels?

Es liegt vermutlich an der dreifachen Heuchelei, mit der wir die Realität des Zusammenlebens zu verdrängen versuchen:

- Wir machen Versprechungen, von denen wir wissen sollten, dass wir sie niemals halten können, weil es über unsere Kräfte ginge.
- Wir klammern uns an Erwartungen, die der Partner nicht erfüllen kann oder will.
- Wir lassen uns auf ein Vorhaben ein, das zu den großen Abenteuern unseres Lebens gehört, ohne uns gründlich darauf vorzubereiten. Manche treten zu diesem

Abenteuer an, als wollten sie den Nordpol in Sandalen erobern.

Gleichgültig, in welchem Stadium einer Partnerschaft Sie jetzt gerade stecken: Wie haben Sie sich darauf vorbereitet?

- Welche Voraussetzungen besitzen Sie, außer die Hoffnung, dass sich alles das, was Sie allein nicht zuwege brachten, gemeinsam schon irgendwie ergeben wird?
- Denken Sie, dass der Satz »Ich liebe Dich« schon genügt, um die Partnerschaft auch nur über die ersten großen Krisen hinwegzuretten?
- Bauen Sie Ihr gemeinsames Glück darauf, dass ein guter Job, eine eigene Wohnung, ein Kind und nicht allzu große Schulden auf der Bank die bestmögliche Voraussetzung für lebenslanges Familienglück ist?
- Welche Fähigkeiten haben Sie sich angeeignet, um alle Erwartungen Jahr für Jahr immer besser in die Tat umsetzen zu können? Vor allem dann, wenn die Beziehung von Krisen gebeutelt wird.

Vielleicht wird Ihnen jetzt, angesichts solcher Fragen, zum ersten Mal deutlich, warum vieles in der Praxis des täglichen Zusammenlebens ganz anders ist, als man es sich treuherzig versprochen hat.

Es ist nicht verwunderlich, dass sich manche Partner solche Fragen nicht selbst stellen, sondern dem anderen. Und warum? Ganz einfach: Um später ihn für das Scheitern der Träume verantwortlich zu machen statt sich selbst. Schuldzuweisung ist schließlich die einfachste und hinterhältigste Art, die Verantwortung für das eigene Versagen auf jemand anderen abzuwälzen.

Wie Sie sehen, gibt es ein paar Fragen, die mit sich und einem Partner zu klären wären, ehe man zum großen Abenteuer startet. Der Schwur: »Wir lieben uns so sehr, dass uns nichts mehr trennen kann«, ist, wie viele erst reichlich spät erkennen, doch nicht das beste Rezept, ein Leben lang gemeinsam glücklich zu sein.

Einige Hinweise, wie Sie aus diesem Programm für sich den größten Nutzen ziehen können

Haben Sie schon einmal daran gedacht, dass unser ganzes Leben Training ist? Eltern, Lehrer, Chefs und alle, die irgendeine Art von Autorität besitzen, erziehen uns zu dem Menschen, den sie aus uns machen wollen. Wenn es schließlich so weit ist, sind wir auf uns selbst gestellt.

Ehe wir uns recht versehen haben, müssen wir uns in drei verschiedenen Welten zurechtfinden, auf die uns niemand so richtig vorbereitet hat:
- Der Mitwelt, in der wir uns behaupten müssen.
- Der Welt in uns selbst, mit unseren Wünschen, geheimen Träumen und allen den Bedürfnissen, die wir befriedigen möchten, aber nicht dürfen.
- Und in der Welt der Partnerschaft, in der wir gemeinsam mit einem anderen Menschen mehr erreichen könnten, als es uns allein möglich wäre.

Letzten Endes stehen wir vor der Entscheidung: Wie schaffen wir es, allen drei Herausforderungen gerecht zu werden. Folgen wir dem, was andere von uns erwarten, oder nehmen wir unser Leben in die eigenen Hände? Als unser eigener Trainer, nach eigenen Vorstellungen und aus eigener Kraft.

In »Die Egoisten-Bibel« und »Das Egoisten-Training«, die dem vorliegenden Band vorausgingen, wurde ein Programm vorgestellt, das praktische Antworten auf die Frage gibt: »Was kann jeder von uns tun, um an jedem weiteren Tag seines Lebens aus eigener Kraft möglichst frei und glücklich zu sein?« »Das Partner-Training« bietet sieben Übungen an, das eigene Glück mit einem Partner gemeinsam zu vergrößern.

»Zuerst allein, dann gemeinsam«, lautet das Prinzip dieses Programms. Mancher Leser wird sich an dieser Forderung stoßen. Schließlich wurde uns lange genug eingeredet, nur die Rücksicht auf den anderen sei der beste Weg zur glücklichen Gemeinsamkeit.

Um es ganz offen zu sagen: Wer in einer Beziehung immer nur auf den Partner Rücksicht nimmt, wird eines Tages feststellen, wie sehr er sich selbst verleugnet. Es ist das Ende des gemeinsamen Glücks.

Wenn in unseren Ländern heute jede dritte Ehe wieder geschieden wird, ist es erstaunlich, dass sich nur wenige Menschen Gedanken darüber zu machen scheinen, was sie investieren müssten, um aus einer Partnerschaft mehr zu gewinnen, als sie investiert haben.

Vielleicht haben Egoisten eine Antwort darauf gefunden, wenn sie sagen: Zuerst muss ich lernen, meine eigenen Probleme zu lösen, ehe ich dieses Kapital für die Lösung der gemeinsamen Probleme einbringen kann.

Die Frage ist: Wie erwirbt man dieses Kapital? Ganz einfach, wir können es trainieren wie alle anderen Fähigkeiten auch, die wir beherrschen möchten. Die einzige Voraussetzung dazu ist die Entscheidung, es zu tun, statt sich darauf zu verlassen, dass uns irgendwann einmal irgendjemand glücklich macht.

Auf den folgenden Seiten werden Sie auf die Notwendigkeit dieser Entscheidung immer wieder beharrlich hingewiesen. Sie können sie ignorieren und sich mit dem Argument begnügen: »Ich bin zwar nicht wirklich glücklich, aber irgendwie komme ich doch zurecht.«

Wenn dieser Kompromiss alles ist, was Sie von Ihrem Leben erwarten, mag es Ihnen genügen, dieses Buch einfach nur zu lesen, um sagen zu können: »Jetzt weiß ich, wie glücklich ich sein könnte – wenn ich gewollt hätte.«

Trösten Sie sich, Sie befinden sich in großer Gesellschaft. Vorausgesetzt, es stimmt, was in der erwähnten »Egoisten-Bibel« behauptet wird. Dort heißt es, in unserer Gesellschaft lebten drei Klassen von Menschen:

- Die große Masse der Dummen, die ständig andere Leute fragen, was sie denken, glauben, hoffen und kaufen sollen und auf welche Weise sie glücklich werden könnten.
- Die Kaste der Schlauen, die den Dummen einreden, was sie denken, glauben und hoffen sollen und wie sie sich ihr Glück erkaufen könnten.
- Und da ist noch die kleine Elite der Gescheiten, die selbst genau wissen, wie sie glücklich sein können. Und die es aus eigener Kraft verwirklichen. Auch wenn es anderen nicht gefällt.

Erste Übung

Machen Sie sich bewusst, warum Sie mit einem Partner leben wollen. Und was Sie bereit sind, in eine Partnerschaft einzubringen

1. *Beantworten Sie sich vorher sieben Fragen, damit Sie nicht nachher nach teuren Ausreden suchen müssen*
2. *Wenn Sie das manipulative Spiel gegen den Partner spielen, brauchen Sie andere Strategien, als wenn Sie es mit ihm gemeinsam tun*
3. *Die drei großen Stolpersteine, an denen viele Beziehungen scheitern, noch ehe sie richtig begonnen haben*
4. *Werden Sie sich darüber klar, was Sie von der Liebe erwarten dürfen – und was keinesfalls*
5. *Machen Sie sich selbst zu Ihrem Trainer und finden Sie die eigenen Regeln für das Leben mit dem Partner*
6. *Fassen wir zusammen, ehe Sie weiterlesen*

1
Beantworten Sie sich vorher sieben Fragen, damit Sie nicht nachher nach teuren Ausreden suchen müssen

Partnerschaften kommen zu allen Zeiten auf zwei Arten zustande: Zufällig oder beabsichtigt. Wenn sie zufällig passieren, gibt es wieder zwei Möglichkeiten: Entweder sie dauern nicht lange. Oder man gewöhnt sich so sehr aneinander, dass man heiratet.

Dabei kann es durchaus geschehen, dass das Motiv für diese Entscheidung ganz einfach Bequemlichkeit ist. Alle Entscheidungen, die aus Bequemlichkeit zustande kommen, fällt man nicht selbst. Man überlässt sie dem Zufall oder anderen Leuten.

Wer auf diese Weise in eine Ehe schlittert, gehört zu jenen Leuten, von denen man sagt, dass sie »geheiratet werden«. Dies gilt als ein typisches Beispiel dafür, wie ein Dummer einem Schlauen in die Falle geht.

An dieser Vorgangsweise ist nichts auszusetzen. Jeder hat schließlich das Recht, zur Klasse der Dummen zu gehören, die sich lieber lenken lassen, als selbst zu lenken.

Bei Partnerschaften, die beabsichtigt zustande kommen, stellt sich die Frage: Wer von beiden hat sie eingefädelt, und in welcher Absicht? Es gehört zu den großen Lebenslügen, die Liebe als das häufigste Motiv für Eheschließungen anzugeben. Damit soll in den meisten Fällen der wahre Grund verschleiert oder zumindest beschönigt werden.

Das tatsächliche Motiv ist meistens viel weniger romantisch:

- Man hat das Alleinsein satt.
- Man will den autoritären, ewig nörgelnden Eltern entkommen und denkt voll naiver Entschlossenheit: »Wenn ich selbst einmal Kinder habe, werde ich alles ganz anders machen.«
- Man war schon einmal verheiratet und hofft, der neue Partner würde mehr Verständnis für die eigenen Schwächen haben.
- Trotz aller Emanzipation gibt es noch genug junge Frauen, die in einer ehelichen Gemeinschaft vom Mann versorgt sein möchten. Ihren eigenen Job betrachten sie nur als Übergangslösung während der Suche nach dem geeigneten Objekt.
- Natürlich ist der Wunsch nach geregeltem, bequemen Sex sehr oft auch der Grund. Oder der Wunsch nach einem Kind.

In der »Egoisten-Bibel« wird behauptet, die Mutter aller klärenden Fragen sei das einfache Wort »Warum«. Tatsächlich ist es so, dass die Antwort auf die Frage: »Warum will ich mit einem Partner zusammenleben« oder »Warum habe ich eigentlich geheiratet?« darüber entscheidet, zu welcher der drei Klassen unserer Gesellschaft man gehört.

Ein Dummer wird – vor allem, wenn er schon längere Zeit verheiratet ist – ausweichend antworten. Vielleicht mit: »Na ja, weil man halt heiratet, wenn ein Kind unterwegs ist.« Oder: »Alle meine Freundinnen und Schwestern sind ja auch schon verheiratet.«

Die Schlauen sind Meister der Ausrede, Verschleierung und Selbsttäuschung. Sie werden einen edlen Grund erfinden. Meistens werden sie sagen: »Es war die große Liebe.« Das klingt gut und positiv und erweckt den Neid aller, die sich eingestehen, dass ihr eigener Heiratsgrund viel realistischer war.

Und die Gescheiten? Nun, die Gescheiten folgen dem Prinzip der Egoisten, die jede wichtige Entscheidung vorher völlig nüchtern anhand von sieben Fragen an sich selbst überprüfen, ehe sie ein Vorhaben verwirklichen:

1. Was spricht dafür?
2. Was spricht dagegen?
3. Was nützt es dem anderen?
4. Was nützt es mir?
5. Besitze ich die Fähigkeiten, die das Verwirklichen meiner Entscheidung erfordert?
6. Wenn ich diese Fähigkeiten noch nicht besitze – wie kann ich sie erwerben? Oder ist mir der Aufwand, verglichen mit dem Ergebnis, zu groß?
7. Wie groß ist das Risiko, und ist es mir wert, es einzugehen? Ich weiß allerdings, dass sich das Risiko von heute schon morgen zu meinem Vorteil ändern könnte.

Gleichgültig, ob Sie verheiratet sind, mit einem Partner zusammenleben oder Sehnsucht danach haben: Überprüfen Sie Ihren derzeitigen Zustand mit ehrlichen Antworten auf diese sieben Fragen.

Wohlgemerkt: mit ehrlichen Antworten und nicht mit ausweichenden Ausreden. Je früher Sie sich bewusst machen, warum Sie etwas tun, umso geringer ist der Aufwand für die spätere Bereinigung einer falschen Entscheidung.

Zugegeben, für Jungverliebte klingen solche ernüchternden Fragen wie Keulenschläge. Manche Leute, die ihnen vorher aus dem Weg gegangen sind, treffen diese Schläge allerdings später umso brutaler, wenn die Ernüchterung des Alltags den Rausch der Gefühle immer mehr in den Hintergrund drängt.

Solche Versäumnisse können – wie man aus ungezählten Beispielen weiß einen der Partner oft ziemlich teuer kommen.

2
Wenn Sie das manipulative Spiel gegen den Partner spielen, brauchen Sie andere Strategien, als wenn Sie es mit ihm gemeinsam tun

Wir sollten uns nichts vormachen: Unser ganzes Leben ist ein manipulatives Spiel um das eigene Überleben und Wohlbefinden. Jeder möchte wichtig genommen werden, und dazu braucht er andere, die ihn wichtig nehmen. Um dieses Ziel zu erreichen, setzt er die Möglichkeiten ein, die ihm zur Verfügung stehen.

Es sind vorwiegend jene Methoden der gegenseitigen Manipulation, denen wir ein Leben lang ausgesetzt sind. Die Dummen unter uns lernen, sich ihnen möglichst rasch und gründlich anzupassen. Die Schlauen erkennen, mit welchen Tricks sie die Dummen für den eigenen Vorteil ausnützen können.

In der Partnerschaft haben Sie zwei Möglichkeiten, um für sich den größten Vorteil herauszuholen:
- Entweder Sie kämpfen gegen den Partner um die Vorherrschaft. Dabei setzen Sie die allseits bewährten Mittel ein, wie: Angstmachen, Bedrohen, Täuschen, Hoffnungen erwecken, Versprechungen machen, Schuldgefühle auslösen, um davon zu profitieren.
- Oder Sie verbünden sich mit dem Partner und spielen mit ihm ein gemischtes Doppel. Die Gegner, gegen die

Sie Ihre Kräfte bündeln, sind alle die Hindernisse, die Ihrem gemeinsamen Glück im Wege stehen.

Es besteht kein Zweifel, dass die häufigste Form des Zusammenlebens in unserer Gesellschaft der hierarchischen Struktur entspricht: Die einen wollen herrschen, bestimmen und manipulieren. Die anderen ordnen sich unter und gehorchen.

Diese Hackordnung beherrscht die Politik, die Wirtschaft und das Gesellschaftsleben. Die einfallsreichen und tüchtigen Schlauen sagen den unwissend gehaltenen Dummen, wo es lang geht. Warum soll diese bewährte Strategie in der Ehe und Familie nicht genauso funktionieren?

Die Beherrschung des einen Partners durch den anderen funktioniert nach den Regeln des manipulativen Spiels, das gegeneinander gespielt wird. In diesem System ist jeder der Gegner des anderen.

Man greift an oder muss sich verteidigen. Keiner darf eine Schwäche zeigen. Aus Angst, der Gegner könnte sie nützen.

Sehen Sie sich um und beobachten Sie, wie viel Zeit und Energie in diesem Kampf »Partner gegen Partner« verloren geht. Wie sich immer wieder die Fronten verhärten. Wie lange es dauert, bis nach verbissenem Kampf um die Vorherrschaft wieder ein Kompromiss geschlossen wird.

Eifersucht, Aggression, Erpressung, Beleidigung und die Flucht in die Arme verständnisvoller Helfer. Alles das sind die Begleiterscheinungen im manipulativen Spiel der Geschlechter gegeneinander. Wer keine bessere Alternative findet, wird diesen Kampf bis zum bitteren Ende führen. Es heißt Trennung und Resignation.

Das »Gemischte Doppel« als Partnerschaftsspiel erfordert eine völlig andere Strategie des Zusammenlebens. Das Ziel ist von Anfang an klar: »Gemeinsam statt gegeneinander«.

»Aber ja, das wissen wir doch alle«, werden Sie jetzt denken. Sie denken es. Sie sind fest davon überzeugt. Sie möchten es auch tun. Schließlich hat man uns hundertfach vorgekaut, wie wichtig Teamwork, Solidarität, Rücksichtnahme und Opferbereitschaft für jede Art von Gemeinschaft sind.

Wenn wir das alles so genau wissen, und wenn das tatsächlich die wichtigsten Voraussetzungen für eine glückliche Partnerschaft sind: Warum sind wir dann nicht alle miteinander wunderbar glücklich?

Welche Fähigkeiten sind also erforderlich, um so leben zu können, damit jeder der Partner im Zusammenleben tatsächlich glücklicher ist, als er es allein sein könnte?

»Das Partner-Training« beschreibt sieben Übungen, sich diese Fähigkeiten anzueignen. Machen Sie sich einfach einmal mit diesen Anregungen vertraut. Ob und wie Sie

davon Gebrauch machen, können Sie immer noch entscheiden.

Diese erste Übung des Trainings besteht ausschließlich
darin, sich die wichtigsten Zusammenhänge bewusst zu
machen, die Sie vielleicht bisher in Ihrem Leben noch
nicht beachtet haben.

Wenn Sie damit vertraut sind, sollten Sie das gemeinsame Entscheiden und Planen üben und die Suche nach
Hindernissen, die Ihrer Partnerschaft im Wege stehen.
Dann lernen Sie eine Technik des Partner-Dialogs kennen und die Erfordernisse des Trainings und der Selbstkontrolle.

Eines allerdings sollte Ihnen von Anfang an bewusst sein:
Unser Glück im Leben wird nicht von dem bestimmt, was
wir wissen – sondern allein davon, was wir verwirklichen.

3
Die drei großen Stolpersteine, an denen viele Beziehungen scheitern, noch ehe sie richtig begonnen haben

Jede Partnerschaft vollzieht sich vorerst einmal in unserem Kopf. Dort treffen drei Kräfte aufeinander: das Wollen, das Sollen und der Impuls zum Handeln. Ob wir im Leben glücklich sind, hängt davon ab, wie gut wir mit diesen Kräften umgehen können. Bei uns selbst und gemeinsam mit dem Partner.

Unser natürliches Empfinden – oder das, was davon noch nicht verkümmert ist – macht uns ein Bedürfnis bewusst. Wir wollen es uns erfüllen. Aber die uns anerzogene Kontrollinstanz fragt sofort: »Darfst Du das? Tut man so etwas?« oder »Was werden da die anderen sagen?«

Die Antwort darauf bestimmt unser Leben an jedem Tag einige Dutzend Male. Die zwei Alternativen, die uns zur Verfügung stehen, lauten: Befriedigen wir unser Bedürfnis, oder unterdrücken wir es? Dabei muss es sich keinesfalls um großartige Wünsche handeln.

Vielleicht geht es nur darum, ob Sie auf jemanden wütend sind, weil er Sie beleidigt hat. Machen Sie ihm eindeutig klar, dass Sie auf diese Weise nicht mehr verletzt werden wollen? Oder unterdrücken Sie Ihr Bedürfnis nach Selbstbehauptung? Mit welcher Begründung auch immer.

Diese erste Übung des Partner-Trainings – das kann nicht oft genug betont werden – ist eine Anregung, sich bewusst zu machen, warum Sie im Umgang mit sich und anderen das tun, was Sie tun. Oder warum Sie es nicht tun.

Die schönsten Bekenntnisse zur Gemeinsamkeit nützen nichts, wenn Sie sich nicht bewusst machen, wie Gemeinsamkeit funktioniert und welche Fähigkeiten dazu erforderlich sind. Vor allem aber, welche Hindernisse der Verwirklichung Ihres Wollens im Wege stehen.

Das erste große Hindernis ist die ängstliche Frage: »Darf ich das, was ich möchte, auch tun?« An diesem Punkt zwischen Wollen und Verwirklichen entscheidet es sich, ob Sie Ihr Leben selbst bestimmen, oder ob Sie sich dem Diktat des Dürfens unterwerfen, das Ihre allgegenwärtigen Bevormunder Ihnen als Unterwerfungs-Botschaft ständig suggerieren.

Je öfter Sie sich an diesem Punkt für das Unterdrücken entscheiden, umso gründlicher trainieren Sie die Unterordnung. Bis Sie eines Tages gar nicht mehr in Erwägung ziehen, etwas auch nur zu wollen, von dem Sie gelernt haben, dass Sie es nicht dürfen.

Wenn eine Mutter ihrer Tochter lange genug eingeredet hat: »Gehe jedem Streit aus dem Weg«, wird deren Ehe einen ganz anderen Verlauf nehmen, als wenn diese

Tochter sich zu dem Egoisten-Prinzip bekennt: »Zuerst muss ich selbst glücklich sein. Dann erst kann ich den Partner glücklich machen. Vor allem aber bin ich dann nicht mehr davon abhängig, dass er mich glücklich macht.«

So unbedeutend Ihnen dieses Beispiel vielleicht erscheint, aber es verdeutlicht den Unterschied zwischen Hierarchie und Partnerschaft in einer Beziehung. Partnerschaft heißt doch nichts anderes als: Jeder darf sagen, was er sagen will. Hierarchie würde bedeuten: Einer sagt, was er will. Der andere unterdrückt es.

Warum unterdrücken Sie im Umgang mit dem Partner so vieles, was sie loslassen möchten? Haben Sie sich schon einmal diese Frage gestellt? Tun Sie es doch gleich jetzt.

Es werden Ihnen wahrscheinlich sofort ein halbes Dutzend eingelernter Begründungen einfallen, wie: Aus Höflichkeit. Aus Rücksicht. Weil es mir schaden könnte. Weil ich mich nicht in den Vordergrund drängen möchte. Weil ich niemanden beleidigen will. Oder auch: Wer seine Gefühle nicht zeigt, kann auch nicht verletzt werden.

Wenn das Ihre Argumente sind, dann haben Sie die erzieherische Lektion der Selbstverleugnung gut eingeübt. Dann sollten Sie aber auch sich selbst gegenüber offen eingestehen: »Jawohl, ich gehöre zur Masse der Dummen, die lieber das tun, was sie dürfen. Als das, was sie wollen.«

Warum also entscheiden wir uns so oft für das Verdrängen unseres eigenen Wollens als für seine Erfüllung? Hier sind die drei vermutlich häufigsten Gründe:

Erstens: Die Angst in ihren vielen Variationen, denen wir während unserer lebenslangen Erziehung durch die schlauen Autoritäten aller Art zu einem gehorsamen Bürger ausgesetzt sind. So lange, bis die Selbstverleugnung zur Selbstverständlichkeit wird.

Zweitens: Die Zweifel an der Fähigkeit, das Leben nach eigenen Vorstellungen aus eigener Kraft bewältigen zu können.

Drittens: Die Ungeduld als vordergründiger Impuls, lieber eine neue Flucht anzutreten, als ein altes Problem zu lösen.

Lesen Sie nicht einfach über diese Hinweise hinweg. Nehmen Sie sie in Ihr Denken auf, ohne sie sofort zu bewerten. Diese Übung ist eine Anregung zum Bewusstmachen und Erkennen, bei der Sie alle Seiten einer Sache prüfen sollten, ehe Sie eine Entscheidung fällen.

Ängste, Selbstzweifel und Ungeduld. Können Sie ermessen, wie viele Konflikte Ihnen in Ihrem bisherigen Leben erspart geblieben wären, wenn Sie gelernt hätten, mit diesen drei Stolpersteinen auf dem Weg zum Glücklichsein besser umzugehen?

Und stellen Sie sich doch einmal vor, was unausweichlich in Ihrer Partnerschaft passiert, wenn Sie unbewältigte Ängste, Selbstzweifel und Ungeduld in sie einbringen! Könnte es da nicht sein, dass das gemeinsame Glück schon beendet ist, noch ehe es richtig begonnen hat?

4

Werden Sie sich darüber klar,
was Sie von der Liebe
erwarten dürfen –
und was keinesfalls

Was ist das eigentlich, die Liebe? Wissen Sie es? Haben Sie es selbst schon erlebt oder haben Sie die Hoffnung darauf schon so verklärt, dass Ihre Erwartungen nie erfüllt werden können? Oder wurden Sie so sehr enttäuscht, dass Sie sich nie wieder darauf einlassen möchten?

Was also bedeutet Liebe für Sie?

Nachdem diese erste Übung des Partner-Trainings »Bewusstmachung der Zusammenhänge« heißt, könnte es für Sie nützlich sein, diesen ebenso oft verklärten wie missbrauchten Begriff für sich selbst zu definieren.

Können Sie die folgenden vier konkreten Fragen ebenso konkret beantworten?
1. Gestehen Sie sich die Sehnsucht nach dem, was Sie unter Liebe verstehen, ein? Oder sind Sie dieser Bewusstmachung bisher ausgewichen? Aus Angst davor, sich auf etwas einzulassen, was Ihnen schaden könnte?
2. Haben Sie das, was Sie unter Liebe verstehen, jemals selbst erfahren? Und welche Erfahrungen haben Sie damit gemacht? Gute oder schlechte? Und warum?

3. Wie wichtig ist das, was Sie unter Liebe verstehen, für Ihre sexuellen Beziehungen? Und wie wichtig ist es für Ihren Partner?
4. Was hat Ihre gegenwärtige Vorstellung von diesem Begriff »Liebe« geprägt? Das, was Sie von anderen darüber wissen – oder sind es Ihre eigenen Erfahrungen?

Fragen wie diese mögen Ihnen ein gewisses Unbehagen verursachen. Vermutlich liegt es daran, dass Sie – wie viele andere auch – gar nicht wirklich darüber nachdenken wollen. Zu vieles Wissen darüber könnte eine Illusion zerstören, an die Sie sich jederzeit klammern können. Als Flucht vor der gefühllosen Realität, mit der Ihr Alltag des Zusammenlebens Sie ständig konfrontiert.

Nach jeder unerfüllten Erwartung greifen Sie vielleicht nach dem Rettungsring Hoffnung. Beim nächsten Mal, hoffen Sie, begegnen Sie der großen, schönen, ewigen Liebe, und alles wird wieder gut.

Bis Sie irgendwann einmal auch alle Hoffnung fahren lassen und sich damit abfinden, dass es – zumindest für Sie – diese alles überstrahlende makellose Liebe eben nicht gibt.

Gibt es sie überhaupt? Oder ist sie nur eine unerfüllbare Illusion, die so voll gestopft mit romantischen Erwartungen ist, dass eine Verwirklichung tatsächlich unerfüllbar ist?

Niemand kann sagen, wie viele Partnerschaften an den naiven Erwartungen an die Liebe schon gescheitert sind und auch weiter scheitern werden. Und warum? Weil Hoffnung allein für die Erfüllung unserer Wünsche nicht genügt.

Wer Liebe erwartet, sollte wissen, was er selbst zu ihrer Erfüllung beitragen muss. Oder sind Sie da ganz anderer Meinung?

Was also können wir von der Liebe erwarten, und was keinesfalls?

Keinesfalls sollten wir von der Liebe erwarten, dass sie auch nur ein einziges unserer Probleme löst, die wir nicht bereit sind, selbst zu lösen. Denn mit Sicherheit gehören ungelöste Probleme zu den gefährlichsten Hindernissen, an denen Liebe allein scheitern kann.

Wenn Sie sich also in die Erwartungen der Liebe als Allheilmittel flüchten, um sich vor der Lösung eines Problems zu drücken, kann das nur in Enttäuschung enden.

Es ist verständlich, dass die Schlauen sich diese Hoffnung zu allen Zeiten zunutze machen. Sie gaukeln den Dummen die Allmacht der Liebe vor, um ihnen nach der Enttäuschung Trost und Hoffnung verkaufen zu können.

Und die Gescheiten?

Die Gescheiten übernehmen die Verantwortung für die Lösung ihrer Probleme selbst, statt sich hoffnungsvoll auf das »Rezept Liebe« zu verlassen. In der »Egoisten-Bibel« mit ihrer Sammlung von Anleitungen für Gescheite findet sich deshalb nicht zufällig ein ausführliches Kapitel mit dem Titel: »Die Technik, ein Problem zu lösen«.

Selbst wenn es Ihnen letzten Endes doch zu mühsam erscheint, sich diese Fähigkeit anzueignen, regen Sie vielleicht einige dieser Anmerkungen an, über die Zusammenhänge zwischen Problemlösung, Liebe und Lebensglück nachzudenken. Hier sind Auszüge:

- Wie frei und glücklich Du im Leben bist, hängt davon ab, wie gut es Dir gelingt, die Probleme zu lösen, die Deinem Glück und Deiner Freiheit im Wege stehen.
- Um ein Problem lösen zu können, musst Du es zuerst erkennen. Es gibt drei Stufen, ein Problem zu erkennen:
- Du erkennst seine Auswirkung.
- Du erkennst, in welchem Zusammenhang es steht.
- Du erkennst die Ursache.
- Es gibt zwei Möglichkeiten, mit einem Problem umzugehen:
- Du erkennst seine Auswirkungen und findest einen Weg, vor dem Problem zu flüchten. Das spendet Dir vielleicht für kurze Zeit Trost. Aber es löst das Problem nicht. Im Gegenteil, in den meisten Fällen schafft es neue Probleme.
- Um ein Problem zu lösen, dessen Ursache Du erkannt hast, setzt Du drei Fähigkeiten ein:
- Die Erfahrungen, die Du oder andere damit schon gemacht haben.

– Die eigene Intuition, um über Erfahrungen hinaus noch unerkannte Möglichkeiten zuzulassen.

– Deine Kreativität und Phantasie, die Dir neue Möglichkeiten aufzeigen, an die Du bisher noch nicht gedacht hast.

• Und an anderer Stelle dieser Anregungen heißt es: »Es gibt kein Problem, das Du nicht erkennen kannst, wenn Du beharrlich suchst und die richtigen Fragen stellst.«

Zugegeben, für Gescheite mögen solche pointierten Hinweise selbstverständlich sein. Dies liegt daran, dass sie alle Erscheinungen ihres Lebens zuerst unter dem Blickwinkel ihrer großen Lebens-Entscheidung betrachten, statt nur als das Problem, das sie gerade beschäftigt.

Und diese Lebens-Entscheidung lautet, wie wir wissen: »Ich möchte an jedem Tag meines Lebens aus eigener Kraft so frei und glücklich sein, wie es mir an diesem Tag aus eigener Kraft möglich ist.«

Mit anderen Worten: Die Gescheiten lernen und trainieren für den Rest ihres Lebens die Fähigkeiten, die das tägliche Glück und die persönliche Freiheit erfordern, um ihre Probleme selbst lösen zu können, statt wie es viele andere bevorzugen vor ihnen zu flüchten.

Vielleicht haben Sie noch nie den Zusammenhang zwischen der Technik der Problemlösung und Ihrem Traum von Liebe und Geborgenheit unter diesem Aspekt betrachtet. Sicher ist: Das Lösen von Problemen, die Ihrer

44

Partnerschaft im Wege stehen, ist eine verlässlichere Methode, als sich arglos nur auf die Liebe zu verlassen.

5
Machen Sie sich selbst zu Ihrem Trainer und finden Sie die eigenen Regeln für das Leben mit dem Partner

Die Probleme des Lebens selbst zu lösen, um sich nicht von anderen, dem Zufall oder der Hoffnung abhängig zu machen! Klingt das nicht so einleuchtend wie: »Ich muss das Laufen trainieren, damit ich beim New-York-Marathon mitmachen kann?«

Trotzdem finden es so viele Menschen ganz selbstverständlich, sich auf einen lebenslangen Partner Marathon zu begeben, ohne die Fähigkeiten dafür regelmäßig zu trainieren.

Training des Lebens. Training des Glücklichseins. Training für eine glückliche Partnerschaft. Training der Befreiung von den unüberschaubaren Abhängigkeiten, denen wir uns längst mehr oder weniger freiwillig unterwerfen. Mutet das für Sie nicht alles ein wenig eigenartig an? Oder haben Sie sich nur deshalb noch nie damit beschäftigt, weil es nicht zu den etablierten Erziehungsprogrammen unserer Gesellschaft gehört?

Oder kennen Sie eine Schule oder vielleicht sogar eine Universität, an der das Glücklichsein als Pflichtfach vorgeschrieben ist? Es gibt auch kein Grundgesetz – das amerikanische ausgenommen –, in dem den Bürgern das Recht auf individuelles Glück ausdrücklich verbrieft würde. Wenn sich niemand für Ihr Glück – jenes in der Partnerschaft eingeschlossen – zuständig erklärt, wer sollte sich also dafür verantwortlich fühlen – wenn nicht Sie selbst die Initiative ergreifen?

»Das Partner-Training« oder das diesem Programm vorangegangene »Egoisten-Training« sind Übungen zur Selbstverwirklichung, bei denen Sie Ihr eigener Trainer sind. Ein hoher Anspruch in einem System, in dem es nur so von Trainern wimmelt, die sich gegenseitig beim Wettbewerb bekämpfen, immer mehr Hilfesuchende zu beglücken.

Es sind Trainer, die Ihnen beibringen wollen, möglichst viel Geld zu verdienen oder schlank und fit, attraktiv und begehrenswert zu werden. Oder sich gegen die Konkurrenz durchzusetzen. Von jenen Trainerscharen einmal ganz abgesehen, die uns eindringlich suggerieren, ihr Produkt und keinesfalls das des Konkurrenten zu kaufen. Die Werbung gehört schließlich zu unseren gewieftesten Trainern.

Es ist ein System, das nichts so sehr fürchtet wie die Entscheidung eines Einzelnen: »Ich weiß selbst, was ich will, und trainiere die Fähigkeit, mein Glück ohne fremde Hilfe zu finden. Statt es mir von anderen einreden zu lassen.«

Sie können es drehen und wenden, wie Sie wollen, aber es wird Ihnen nicht erspart bleiben, sich für die eine oder andere dieser zwei Lösungen zu entscheiden:

- Lasse ich mich von fremden Trainern nach deren Zielen und Methoden erziehen?
- Oder habe ich die Abhängigkeit satt und trainiere mich selbst, um ein Leben zu führen, das ich immer schon führen möchte?

Das »Partner-Training« istein Programm für das Leben zu zweit, das jeder Partner bei sich selbst beginnen muss. Das sollten Sie sich von Anfang an eindringlich bewusst machen. Um es noch einmal zu betonen: Jeder Partner kann dem anderen nur dann helfen, wenn er vorher gelernt hat, sich selbst zu helfen.

Es scheint zu den großen Irrtümern vieler Partner zu gehören, dass die Summe ihrer Schwächen eine Stärke ergibt. Das Gegenteil ist der Fall: Zwei schwache Persönlichkeiten, von denen keiner seine eigenen Probleme lösen kann, werden schon sehr bald damit beginnen, sich für gemeinsames Versagen gegenseitig zu beschuldigen.

Mit Beschuldigungen beginnt das Ende jeder Partnerschaft, und das hierarchische Hickhack beginnt. Jeder versucht von den eigenen Schwächen abzulenken, indem er dem anderen beharrlich seine Fehler vorwirft.

In diesem endlosen, kräfteraubenden Kampf werden die Schlauen immer im Vorteil sein. Zu ihren Regeln im manipulativen Spiel gehört es, sich Autorität zu verschaffen, indem sie den anderen erniedrigen, um sich selbst zu erhöhen.

Gescheite hingegen orientieren sich da eher nach den Regeln der »Egoisten-Bibel«. Dort heißt es unter anderem:

- Partnerschaft heißt nicht Nachsicht mit dem anderen, sondern das ständige Bemühen in der kreativen Auseinandersetzung, einander immer besser zu verstehen.
- Partnerschaft ist der Respekt vor dem anderen, damit der andere Dich respektiert.
- Partnerschaft bedeutet, so zu teilen, dass jeder daraus mehr gewinnt, als er investiert.

Lesen Sie über diese Hinweise nicht einfach hinweg. Voll der Erwartung darauf, dass Ihnen hier endlich einmal ganz genau gesagt wird, was Sie tun müssen. Wenn Sie das erwarten, haben Sie eine wichtige Botschaft nicht verstanden. Die Botschaft: Erst wenn Sie aufgehört haben, von irgendjemand anderem die Lösung für Ihre Probleme zu erwarten, sind Sie bereit, die Verantwortung für Ihr Leben und Ihr Glück selbst zu übernehmen.

Solange Sie nach schlauen Trainern rufen, die Ihnen sagen, was für Sie richtig ist, haben Sie sich nicht bewusst gemacht, was das Motto dieses Programms bedeutet: »Zuerst allein. Dann gemeinsam.«

6
Fassen wir zusammen, ehe Sie weiterlesen

Das Ziel dieser ersten Übung des Partner-Trainings besteht darin, sich bewusst zu machen, dass für das Glück der Partnerschaft niemand anderer verantwortlich ist als ganz allein Sie selbst.

Um das zu erkennen, sollten Sie sich Antworten auf einige Fragen stellen. Fragen wie:
- Was erwarte ich von einem Partner, und was bin ich bereit und imstande, selbst in eine Partnerschaft einzubringen?
- Was erwarte ich von der Liebe, und was darf ich keinesfalls von ihr erwarten?

Vor allem sollten Sie darüber nachdenken, ob Sie mit einem Partner gemeinsam mehr erreichen wollen, als Sie allein erreichen könnten. Oder ob es Ihnen nur darum geht, sich selbst zu erhöhen, indem Sie einen Partner unterdrücken.

Zweite Übung

Alle Treueschwüre nützen nichts, wenn Sie nicht von Anfang an gemeinsam fünf wichtige Entscheidungen fällen

1. *Erste Entscheidung: Jeder muss alles sagen können, aber keiner ist dem anderen böse*
2. *Zweite Entscheidung: Wichtig ist nicht, wer Recht hat, sondern was für beide richtig ist*
3. *Dritte Entscheidung. Jeder respektiert den anderen so, wie er ist. Keiner will den anderen verändern. Jeder ändert sich nur selbst*
4. *Vierte Entscheidung: Worüber wir uns nicht einigen können, darüber schließen wir einen Kompromiss, bei dem es keinen Verlierer gibt*
5. *Fünfte Entscheidung: Eigene Probleme löst jeder selbst. Gemeinsame Probleme lösen wir gemeinsam*
6. *Fassen wir zusammen, ehe Sie weiterlesen*

1
Erste Entscheidung:
Jeder muss alles sagen können,
aber keiner ist dem anderen böse

Bei der zweiten Übung des Partner-Trainings geht es um die Fähigkeit, Entscheidungen zu fällen. Natürlich fällen wir alle an jedem Tag ungezählte Entscheidungen. Aber fällen wir sie auch richtig? Und was heißt »richtig«?

Richtig heißt vor allem, dass wir sie überhaupt fällen, statt ihnen aus dem Weg zu gehen. Es gibt drei Möglichkeiten, Entscheidungen aus dem Weg zu gehen:
Wir verschieben sie auf später und hoffen, dass sich ein Problem schon irgendwie ganz von selbst erledigt. Oder andere tun es für uns und ziehen ihren eigenen Nutzen daraus.
- Wir überlassen die Entscheidung anderen, damit wir nachher sagen können: »Ich hätte alles viel besser gewusst, aber man hat mich ja nicht gefragt.«
- Wir weichen der Verantwortung für die Folgen einer Entscheidung aus. Weil wir nie gelernt haben, Verantwortung zu übernehmen, haben wir auch nie gelernt, die Konsequenzen von Entscheidungen zu tragen.

Wenn Sie zu diesen Flucht-Typen gehören, die Entscheidungen ausweichen, wie wollen Sie sie dann gemeinsam mit einem Partner fällen? Ganz zu schweigen von der Verantwortung, die damit verbunden ist.

Schon an Ihrer Einstellung zu diesen Fragen zeigt sich, wie sich Ihre Partnerschaft entwickeln wird. Wenn Sie zur Klasse der Dummen gehören und sich mit einem Schlauen zusammentun, ist von vornherein eine hierarchische Ordnung festgelegt: Der andere entscheidet, Sie zweifeln, halten sich heraus, werden schließlich überrumpelt und ordnen sich unter.

Sich unterzuordnen heißt allerdings noch lange nicht, dass dieses System funktioniert, auch wenn es anfangs so scheinen mag.

Unterdrückung bleibt nie ohne Folgen. Der Schlaue, der nie auf ernsthaften Widerspruch stößt, verliert allmählich den Respekt vor dem Partner, und sein Verhalten nimmt diktatorische Formen an.
Wer sich einmal daran gewöhnt hat, immer Recht zu behalten, bringt bald die Geduld nicht mehr auf, die für jeden Dialog erforderlich ist. Respekt, Geduld und Dialog sind jedoch die Voraussetzungen für jede Partner-Entscheidung.

Richtiges gemeinsames Entscheiden setzt also voraus, dass ein Dialog stattfindet, in den beide Partner ihren Standpunkt, ihre Bedürfnisse und ihre Erfahrung einbringen können. Nach dem obersten Prinzip der Partnerschaft: Gemeinsam mehr erreichen, als jeder allein erreichen könnte.

Dies bedeutet, dass jeder auch entschlossen ist, seinen Standpunkt einzubringen, ohne fürchten zu müssen, dass der Partner ihn erniedrigt, nur weil er mehr über den Gegenstand der Entscheidung weiß.

Vergessen Sie nicht: Sich selbst zu erhöhen, indem wir den anderen erniedrigen, ist das Wesen des hierarchischen Systems, in dem ein Partner den anderen bevormundet oder unterdrückt.

Es gehört zu den Tricks der Schlauen, sich Autorität zu verschaffen. Eine partnerschaftliche Beziehung kann allerdings nur funktionieren, wenn von Anfang an festgelegt ist, dass Gemeinsamkeit wichtiger ist als der ewige Kampf um Vorherrschaft.

Wie Sie sehen, spielt die Art und Weise, wie in einer Beziehung Entscheidungen gefällt werden, eine wichtige Rolle. Finden sie einseitig hierarchisch statt oder gemeinsam?

Es mag Sie stören, wenn hier immer wieder zwischen »Dummen« und »Schlauen« verglichen wird. Ehrlich gesagt: Es ist kein Zufall. Es ist der Versuch, Sie zu einer permanenten Kontrolle Ihrer eigenen Position zu provozieren und eine eindeutige Entscheidung zu fällen:

• Wollen Sie überhaupt ein respektierter Partner sein? Bereit, mitzuentscheiden und mitzuverantworten. Oder ordnen Sie sich lieber unter, um sich vielleicht voll Selbstmitleid auf die Position des armen, unterdrückten Opfers zurückzuziehen? Dann sollten Sie wenigstens nicht vor dem Eingeständnis zurückschrecken: »Ja, ich finde mich damit ab, dass ich zu den Dummen gehöre. Ich bin damit zufrieden.«

- Wenn Sie zu den Leuten gehören, die nicht anders können, als immer Recht behalten zu wollen, mag Sie jeder Sieg über einen Schwächeren glücklich machen. Aber es sollte Ihnen dann auch bewusst sein, dass Sie als Schlauer die Konsequenzen Ihres Machtanspruchs zu tragen haben: Sie verzichten darauf, mit dem anderen gemeinsam mehr zu erreichen, als Sie allein erreichen könnten.

Mit anderen Worten: Sie hätten ebenso gut allein bleiben können. Sie tun es vielleicht trotzdem nicht, weil Sie sich nur als Sieger fühlen können, wenn es einen Verlierer gibt. Dafür missbrauchen Sie den Partner und machen sich gleichzeitig von ihm abhängig. Denn ohne einen Besiegten könnten Sie kein Sieger sein.

Lassen Sie uns deshalb zur ersten Entscheidung in dieser zweiten Übung zurückkommen. Sie lautet: »Jeder kann alles sagen, aber keiner ist dem anderen böse.«

Diese Entscheidung – gemeinsam gefällt – ist die Voraussetzung für jeden sinnvollen, respektvollen und geduldigen Dialog.

2

Zweite Entscheidung:
Wichtig ist nicht, wer Recht hat,
sondern was für beide
richtig ist

Wenn die Dialogbereitschaft die Voraussetzung für Gemeinsamkeit ist, dann ist die Konzentration auf das gemeinsame Ziel der nächste wichtige Schritt.

Wenn Schlaue ein Gespräch über eine Entscheidung beginnen, tun sie es mit dem Vorsatz, ihren Standpunkt durchzusetzen. Ihre Taktik zielt nicht darauf, gemeinsam die beste Lösung zu finden. Das anstehende Problem dient dem Schlauen vor allem dazu, sich selbst zu inszenieren. Und das auf Kosten des anderen. Dafür ist ihm meistens jedes Mittel willkommen.

Zu diesen Mitteln gehört es, den Dialog erst gar nicht aufkommen zu lassen. Er könnte schließlich dazu führen, dass der andere Recht behält. Und genau das ist es, was der Schlaue nicht ertragen könnte. Er will siegen. Koste es, was es wolle. Natürlich soll es der Partner sein, der diese Kosten bestreitet.

Wenn ein Schlauer diesen Sieg gegen den Partner errungen hat, will er ihn genießen. Zu den Sieger – Signalen gehört es, dass er vielleicht triumphierend sagt: »Na, siehst Du, ich habe es ja von Anfang an gewusst.«

Der Unterlegene mag, von den geschickten Argumenten des Schlauen niedergemacht, vorübergehend tatsächlich überzeugt sein. Aber schon bald wird ihm bewusst, dass er übertölpelt wurde. Seine Reaktion: Enttäuschung, Frustration, Misstrauen und schließlich Aggression.

Um das zu verhindern, ist die Entscheidung erforderlich: Wichtig ist nicht, wer Recht hat, sondern was für beide richtig ist. Das bedeutet:

- Zuerst muss jeder seinen eigenen Standpunkt ausführlich darlegen können. Das ist die Grundlage dafür, in der Folge über gemeinsame Vorteile und Nachteile diskutieren zu können.
- Damit dies möglich wird, gilt das Prinzip, von dem es in der »Egoisten-Bibel« heißt: »Damit wir das Beste für uns gemeinsam erreichen können, muss jeder wissen, worauf er zu verzichten bereit ist.«

Für den Schlauen, der unbedingt Recht haben will, ist der Verzicht immer eine Form der Niederlage. Für den Gescheiten gibt es keine Niederlage, weil er frei und glücklich sein will. Seine Freiheit besteht darin, dass er niemanden besiegen muss, um glücklich zu sein. Wer niemanden besiegen will, kann auch keine Niederlage erleiden. Das mag für Sie ungewohnt klingen, aber ist es nicht so?

»Wie aber«, werden Sie fragen, »verträgt sich diese Einstellung mit dem hier immer wieder so sehr gepriesenen Egoismus?« Ganz einfach: Das Ziel des Egoisten sind Freiheit und Glück aus eigener Kraft – erinnern Sie sich? Niemand jedoch ist frei, wenn er sein Glück vom Sieg über einen anderen abhängig machen muss.

Wenn also ein überzeugter Egoist mit einem Partner gemeinsam glücklicher sein will, als er es allein sein könnte, wird er diese zusätzliche Möglichkeit des Glücklichseins nützen. Gemeinsame Freiheit ist die Voraussetzung für gemeinsames Glück.

Es ist kein Glück auf Kosten eines anderen, sondern ganz im Gegenteil: Er kann es nur erreichen, indem er den Partner ermutigt, seine Möglichkeiten und Fähigkeiten einzubringen. Als nützliche Ergänzung dessen, wozu er durch seine eigenen Fähigkeiten allein imstande wäre.

Mit anderen Worten: Wenn jeder auf einen einseitigen Sieg verzichtet, können zwei Partner ihre Kräfte vereinen, um eine Entscheidung zu fällen, die beide glücklich macht.

So betrachtet, verhindert die Entscheidung »Wichtig ist nicht, wer Recht hat, sondern was für beide richtig ist« von vorneherein die Autorität des einen Partners über den anderen.

3

Dritte Entscheidung:
Jeder respektiert
den anderen so, wie er ist.
Keiner will den anderen verändern.
Jeder ändert sich nur selbst

Ist es nicht seltsam: Wenn von Respekt die Rede ist, klingt es fast immer wie eine einseitige Forderung. Eltern fordern den Respekt der Kinder, Lehrer wollen von den Schülern respektiert werden, und Chefs von den Untergebenen.

Warum aber funktioniert diese hierarchische Erwartung heute nicht mehr so selbstverständlich wie vielleicht früher einmal? Zu Zeiten, als Autorität durch Geburt, Geschlecht, Alter oder Position automatisiert war. Sie musste nicht erst erworben oder gerechtfertigt werden.

In der hierarchischen Ordnung ist von vornherein festgelegt, wer sich wem anzupassen hat. Sie geht davon aus, dass die Schlauen bestimmen, was gut und richtig ist. Von den Dummen wird gefordert, dass sie sich ändern. Wenn sie Widerstand leisten, werden sie unter Druck gesetzt.

Für Gescheite hat diese Ordnung jede Bedeutung verloren. Sie wissen selbst, was für sie richtig ist. Sie regeln ihr Leben aus eigener Kraft und übernehmen dafür die Verantwortung. Sie entziehen sich der Abhängigkeit von Respektspersonen durch die Freiheit der eigenen Entscheidung. Sie ändern sich selbst, statt ihre Autorität daraus zu beziehen, andere zu verändern.

Die Formel für diese Entwicklung lautet: Deine Freiheit beginnt, wenn Du Dich selbst mehr respektierst als irgendjemand anderen.

Natürlich klingt das wieder einmal nach purem Egoismus. Aber ist es nicht die Voraussetzung für jede glückliche Partnerschaft? Wer den Partner mehr respektiert als sich selbst, unterwirft sich ihm. Und jede Art von Unterwerfung ist der Beginn der Hierarchie in der Beziehung und das Ende der gleichberechtigten Partnerschaft.

Gleichberechtigte Partnerschaft kann sich – wenn Sie dieser Behauptung folgen wollen – nur unter zwei Voraussetzungen entwickeln:
1. Jeder respektiert sich selbst und ändert sich aus eigener Entscheidung, wenn er erkennt, dass es erforderlich ist.
2. Jeder respektiert den anderen so, wie er ist und gibt ihm die Chance, die Verantwortung für seine Veränderung selbst zu tragen. Nur so kann gemeinsame Verantwortung funktionieren.

Natürlich setzen solche Regeln des Zusammenlebens bisherige Autoritätsbegriffe außer Kraft. Schließlich gehört es zu den Prinzipien der hergebrachten Erziehung, dass Eltern von ihren Kindern fordern: »Tu was wir Dir sagen.

Es ist zu Deinem Besten. Später wirst Du uns dafür dankbar sein.«

Auf diese Weise werden seit Jahrhunderten Kinder zur Unterwerfung unter selbst ernannte Autoritäten erzogen. Der geforderte Respekt vor den Altvordern zerstört den Respekt vor sich selbst. Ist es ein Wunder, dass die große Masse der Dummen es niemals wagt, aus dieser Abhängigkeit auszubrechen, um freie Bürger zu werden, die sich keiner anderen Autorität mehr unterordnen als jener, die sie sich selbst geschaffen haben?

»Jeder respektiert den anderen so, wie er ist. Keiner will den anderen verändern. Jeder ändert sich selbst.« Wahrscheinlich werden Sie auf diese Anregung umgehend mit einem Dutzend Argumenten reagieren. Sie werden sagen:

- Ich kann meinen Partner nicht mehr respektieren, er hat mich zu oft enttäuscht.
- Oder: Es ist traurig, dass Kinder ihre Eltern nicht mehr respektieren.
- Oder: Ich schaffe es einfach nicht, mir Respekt zu verschaffen.
- Oder: Ich kann sagen, was ich will – mein Partner hört mir gar nicht zu.

Und wie alle diese Begründungen für das Scheitern einer Partnerschaft auch lauten mögen.

Vielleicht klingt diese Entscheidung im Partner – Training für Sie wie eine schöne Illusion, die in der täglichen Praxis des Zusammenlebens einfach unerfüllbar ist.

Sie bleibt tatsächlich unerfüllbar, wenn Sie sich nicht dazu entschließen können, mit allem, was Sie ändern möchten, bei sich selbst zu beginnen. Oder, wie es in der »Egoisten-Bibel« heißt: »Jede Partnerschaft beginnt bei Dir selbst. Du bist Dein verlässlichster Partner, wenn Du an Dich glaubst und mit Dir in Harmonie bist.«

Vergessen Sie nicht: Das Partner-Training bedeutet nicht, vom Partner zu fordern, dass er sich Ihren Erwartungen unterwirft. Es bedeutet, dass Sie sich zuerst selbst respektieren, damit er Sie so respektieren kann, wie Sie sind.

Es gibt zwei. Wege, dieses Ziel zu erreichen:
- Sie haben einen Leidensweg der Enttäuschungen hinter sich und sind bereit, für den Rest Ihres Lebens daraus zu lernen. Dazu ist es notwendig, jetzt die richtigen Entscheidungen für Ihr zukünftiges Verhalten zu fällen.
- Sie fällen die richtigen Entscheidungen rechtzeitig und ersparen sich einen langen Leidensweg.

In welcher Situation Sie sich heute auch befinden, Veränderungen erfordern zuerst Entscheidungen. Dazu soll diese Übung Sie ermuntern. Denn eines ist sicher: Wozu Sie sich nicht eindeutig selbst entscheiden, wird von anderen oder vom Zufall entschieden.

4
Vierte Entscheidung:
Worüber wir uns nicht
einigen können, darüber schließen
wir einen Kompromiss, bei dem
es keinen Verlierer gibt

Es besteht nicht der geringste Zweifel daran, dass jede Form des Zusammenlebens Kompromisse erfordert. Für manche Menschen bedeutet ein Kompromiss, dass er es ist, der nachgibt. Für andere bedeutet es, vom anderen zu erwarten, dass er nachgibt. Auch dann, wenn es für ihn mit erheblichen Nachteilen verbunden sein sollte.

Mit diesem manipulativen Spiel sind wir alle täglich konfrontiert. Es ist das Spiel mit triumphierenden Siegern und frustrierten Verlierern. Allein aus diesem Grund kann es nicht der Umgang zwischen glücklichen Partnern sein.

Ein Kompromiss unter Partnern, die gemeinsam mehr erreichen wollen, als sie es allein könnten, bedeutet: Jeder will den gemeinsamen größeren Vorteil und verzichtet dafür auf kleinliche eigene Empfindlichkeiten.

Diese Empfindlichkeiten haben meistens mit der Realität eines Problems überhaupt nichts zu tun. Es geht vielmehr um die Angst, etwas aufgeben zu müssen, mit dem man seinen Selbstwert verbindet. Auch wenn es nur ein

Scheinwert ist. Wie etwa Stolz oder das, was manche unter Ehre und der Forderung nach Treue verstehen.

Sie kennen das ja: Väter, die aus Angst vor Autoritätsverlust ihren Kindern nie Recht geben können. Lehrer sind davon betroffen und Autoritätspersonen wie Reiche, Diktatoren, Zuhälter oder Richter. Oder haben Sie schon jemals von einem Richter gehört, der sich für ein Fehlurteil beim Betroffenen entschuldigt hätte?

Wenn Sie sich in einer Partnerschaft für Kompromissbereitschaft entscheiden, sollten Sie nicht versäumen, diesen Begriff auch gemeinsam zu definieren. Vielleicht durch die Entscheidung: Worüber wir uns nicht einigen können, darüber schließen wir einen Kompromiss, bei dem es keinen Verlierer gibt.

Wenn Sie auf der Suche nach einem geeigneten Partner sind, kann es unter diesem Aspekt durchaus bedeuten, dass Sie ihn nur deshalb nicht heiraten, weil er unfähig oder hoffnungslos unwillig ist, partnerschaftliche Kompromisse zu schließen. Was selbstverständlich keinesfalls heißen muss, dass Sie mit ihm nicht eine befristete Glück bringende Liebesbeziehung eingehen könnten.

Aber Liebesglück und Lebensglück sind, wie Gescheite längst erkannt haben, zwei verschiedene Paar Schuhe. Vielleicht hat das auch damit zu tun, dass im Laufe der vergangenen Jahrzehnte die Zahl der Eheschließungen ab und die Zahl der Scheidungen nach Liebesheiraten zugenommen hat.

5
Fünfte Entscheidung:
Eigene Probleme löst jeder selbst.
Gemeinsame Probleme lösen
wir gemeinsam

Diese zweite Übung des Partner-Trainings soll Ihnen bewusst machen, wie wichtig es ist, Entscheidungen zu fällen. Jede scheinbar unbedeutende Entscheidung kann eine Weichenstellung für den Rest Ihres Lebens sein. Haben Sie das schon einmal bedacht?

Wenn Sie zum ersten Mal beschließen, der Forderung eines anderen aus Gefälligkeit nachzugeben, obwohl Sie wissen, dass es zu Ihrem Nachteil ist, beginnt damit ein Training der Unterwerfung. Gleichgültig, welche Entschuldigungen Sie dafür haben.

Unterwerfung ist, wie Sie inzwischen wissen, das Ende Ihrer Gleichberechtigung in einer Beziehung. Sie zwingen damit gleichzeitig den Partner, Entscheidungen allein zu fällen. Sie verweigern den Dialog, in den Sie Ihre Bedürfnisse und Erfahrungen einbringen könnten. Und ehe Sie sich versehen haben, verliert der Partner jeden Respekt vor Ihnen.

Was bedeutet das? Es bedeutet, dass Sie versuchen, die Verantwortung für die Lösung Ihrer Probleme auf den Partner abzuwälzen. Eine Belastung, der er auf lange

Sicht nicht gerecht werden kann. Vor allem dann nicht, wenn er selbst nicht imstande ist, seine eigenen Probleme zu lösen.

»Zuerst allein, dann gemeinsam.« Vielleicht hat Sie dieses Motto des Partner-Trainings anfangs ein wenig irritiert. Kein Wunder, schließlich lautet die eindringliche Botschaft der Schlauen immer schon: »Vertraue Dich uns an. Wir wissen, was richtig für Dich ist. Ordne Dich ein, sonst wirst Du einsam sein.« Oder: »Überlasse es den Fachleuten, Dein Problem zu lösen. Sonst machst Du alles nur noch schlimmer.«

Politiker entscheiden für uns. Fachleute lösen unsere Probleme. Ärzte sorgen für unsere Gesundheit, und der Staat für Recht und Ordnung. Schalten Sie Ihr Fernsehgerät ein, und Sie werden aus jeder Werbebotschaft erfahren, wie glücklich wir alle darüber sein dürfen, dass es so viele kompetente hilfsbereite Leute gibt, die alle unsere Probleme lösen wollen.

Das Motto »Zuerst allein, dann gemeinsam« soll eine Ermunterung sein, die Entscheidung aller Entscheidungen zu fällen:

- Verlasse ich mich darauf, dass mich andere glücklich machen und meine Probleme für mich lösen?
- Oder beschließe ich, mir zuallererst die Fähigkeit anzueignen, meine Probleme selbst zu lösen und dafür auch selbst ohne jede Einschränkung die Verantwortung zu übernehmen?

Diese Egoisten-Entscheidung gilt für jede Form der Partnerschaft. Es bedeutet:

- Bevor ich die Verantwortung für meine Gesundheit auf Ärzte und Medikamente abwälze, lerne ich, selbst alles zu tun, um gesund zu bleiben. Nur wenn ich mich selbst und die Reaktionen meines Körpers kenne, kann ich gemeinsam mit einem Arzt als Partner das Bestmögliche zur Bewältigung einer Krankheit tun.

- Bevor ich meinen Nachbarn bei Gericht verklage, weil ich mich von ihm beleidigt fühle, suche ich mit ihm den Dialog zur Lösung des Problems. Vorher allerdings muss ich lernen, das Problem meiner eigenen Sprachlosigkeit zu bewältigen.

- Wenn ich mich darauf verlasse, dass der Staat für meinen Wohlstand, für Recht und Ordnung sorgt, darf ich mich nicht wundern, wenn diese Erwartung in Enttäuschung endet. Der Staat und alle, die ihn sich zunutze machen, sind mehr an ihrer eigenen Erhaltung interessiert als am Wohl des Einzelnen.

Es kann durchaus sein, dass Sie jetzt alle diese wohlfeilen Argumente für Opferbereitschaft, soziales Gewissen und »Gemeinwohl geht vor Eigennutz« aus der Mottenkiste Ihrer Erziehung zum braven Bürger hervorholen. Wenn Sie sich daran klammern, hier ein guter Rat: Lassen Sie nicht los, es ist immer noch besser, Sie glauben an irgendetwas, wenn Sie sich schon nicht dazu entschließen können, an sich selbst zu glauben.

Der Glaube ist es schließlich, der jeder Entscheidung die Kraft verleiht, sich zu verwirklichen. Oder denken Sie, es genüge schon für das gemeinsame Glück, dem Partner die ewige Treue zu schwören und fest daran zu glauben, dass auch er sich daran hält?

6
Fassen wir zusammen,
ehe Sie weiterlesen

Vergessen Sie nicht: Was Sie nicht selbst entscheiden, entscheiden andere für Sie. Entscheiden aber bedeutet die Bereitschaft, für das, was Sie tun wollen, die Verantwortung zu übernehmen.

Nichts ist bequemer, als sich einem starken Partner unterzuordnen, der »immer alles besser weiß«. Es ist der direkte Weg zu Unterdrückung und Frustration. Denn wer immer Recht erhält, wird sehr bald aufhören, auf andere Rücksicht zu nehmen.

Gleichberechtigte Partnerschaft bedeutet Dialog und die Fähigkeit, Kompromisse zu schließen, bei denen es keinen Verlierer gibt.

Alles das sollten Sie erkannt haben, ehe Sie sich mit der nächsten Übung beschäftigen, in der es darum geht, für Ihr Zusammenleben einen gemeinsamen Plan zu entwerfen.

Dritte Übung

Kein Spiel kommt ohne Regeln aus. Warum sollte es im Zusammenleben von Partnern anders sein?

1. *Warum es so wichtig ist, für das gemeinsame Glück einen Plan zu besitzen*
2. *Ehe Sie Ihr Zusammenleben planen können, darf es keine Zweifel über die gemeinsamen Ziele geben*
3. *Es muss nicht unbedingt die Ehe sein, wenn Sie gemeinsam mehr als allein erreichen wollen*
4. *Sieben Fragen auf der Suche nach einem gemeinsamen Plan des Zusammenlebens*
5. *Fassen wir zusammen, ehe Sie weiterlesen*

1
Warum es so wichtig ist, für das gemeinsame Glück einen Plan zu besitzen

In der dritten Übung des Partner-Trainings geht es darum, sich auf einen gemeinsamen Plan zu einigen. Ist es nicht erstaunlich: Wo immer Leute zusammenkommen, um gemeinsam ein Spiel zu spielen, kann es nur funktionieren, wenn alle Beteiligten die Regeln befolgen, die vorher festgelegt wurden. Nur in der Partnerschaft soll das anders sein?

Oder besitzen Sie einen konkreten Partner-Plan zur Erreichung gemeinsamer Ziele?

Es ist wohl kein Zufall, dass in der »Egoisten-Bibel« für Gescheite das Postulat zu finden ist: »Wenn Du selbst nicht weißt, was Du willst, reden es Dir andere ein.« Die anderen, das sind alle die guten Ratgeber, Moralisten und Gesetzgeber, die immer alles besser wissen. Auch, wenn sie sich selbst nicht daran halten.

Was bedeutet es, einen Plan als Vorlage für die Partnerschaft zu besitzen? Es bedeutet:
- Wir haben uns für ein gemeinsames Ziel entschieden.
- Wir haben uns informiert, welche Voraussetzungen dafür erforderlich sind.
- Wir haben uns darauf geeinigt, was jeder dazu beitragen will, um das gemeinsame Ziel zu erreichen.

Und jeder ist bereit, dafür die Verantwortung zu übernehmen.

- Wir legen die Regeln fest, nach denen das Zusammenleben funktionieren soll.
- Wir besitzen ein Instrument der Einigung, wenn wir über die Lösung eines Problems verschiedener Meinung sind.

Alles das mag Ihnen ziemlich kompliziert erscheinen, wenn Sie bisher mit der Vorstellung lebten: »Ich erwarte mir doch nichts anderes, als mit einem anderen Menschen glücklich zu sein.« Oder wenn Ihre Partnerschaft auf dem einzigen Fundament beruht: »Wir lieben uns, und nichts kann uns trennen.«

Nahezu alles, was unser Fortkommen im Leben bestimmt, geschieht nach ganz bestimmten Regeln und Kontrollinstanzen, die andere dafür festgelegt haben: die Eignungen für einen Beruf, das Spekulieren an der Börse, das Fahren mit dem Auto, die Befolgung der Gesetze und Verordnungen. Nur für das glückliche Zusammenleben zwischen Partnern in der kleinsten und intimsten Gemeinschaft gibt es weder Gesetze noch Prüfungen.

Ein Partner-Plan bedeutet, dass Sie und Ihr Partner ein Konzept entwerfen, wie und unter welchen Voraussetzungen Sie das Zusammenleben so gestalten wollen, dass beide den größten möglichen Nutzen daraus ziehen.

Die Neigung, sich einem Plan unterzuordnen oder nicht, ist eine Frage der grundsätzlichen Einstellung eines Menschen:

- Der Spontan-Typ wird sagen: »Ich fang einfach einmal an, alles weitere überlasse ich meiner Eingebung.« Für Einzelgänger kann das eine brauchbare Vorgangsweise sein. Im Zusammenleben besteht allerdings die große Gefahr des Auseinanderlebens, wenn der eine nie sicher sein kann, mit welcher spontanen Eingebung der andere ihn morgen wieder überraschen wird.

- Der Planer-Typ sagt: »Bevor ich losmarschiere, möchte ich wissen, wohin ich gehe, und wie ich mein Ziel am besten erreichen kann.« Zweifellos ist diese Methode für gemeinsames Vorgehen besser geeignet. Ein Plan weist nicht nur den Weg, er dient auch als Kontrollinstanz.

Ein Grund, warum viele Menschen einem festgelegten Lebens-Plan – in welcher Form auch immer – aus dem Weg gehen, ist die Angst vor der persönlichen Verantwortung. In allen Bereichen ihres Lebens folgen die meisten Menschen Plänen, die andere vorgeben. Sie sind daran gewöhnt, sich an Vorschriften zu halten, die sie weder geschaffen haben noch verantworten müssen.

Einen Plan für sein eigenes Leben und später für das Zusammenleben mit einem Partner zu entwickeln, bedeutet: den Rahmen festzulegen, der das gemeinsame Entscheiden und Handeln bestimmt. Nach eigenen Vorstellungen zu leben, bedeutet zu wissen, was man will und wie man es erreicht.

Natürlich kann die Verweigerung gemeinsamer Planung auch bedeuten, dass einer der Partner nicht bereit ist, seine Vorherrschaft zu gefährden. Er sieht seinen Vorteil bei der Manipulation des anderen darin, dass er sich nicht in die Karten schauen lässt. Dies könnte schließlich dazu führen, dass er Fehler eingestehen müsste. Und nichts scheut der hierarchische Typ mehr, als Schwäche zu zeigen. Um einen Fehler nicht eingestehen zu müssen, scheut er auch vor Lügen nicht zurück. Oder er provoziert einen Streit, um von sich abzulenken.

Wie Sie sehen, ist es nahezu unmöglich, einen Plan für das gemeinsame Leben zu erstellen, wenn der Vorschlag zur zweiten, vorangegangenen Übung dieses Programms nicht erfolgreich absolviert ist: Sie erfordert die eindeutige Entscheidung jedes Partners, ob er zur Gemeinsamkeit bereit ist. Oder ob es ihm wichtiger ist, eigene Vorteile auf Kosten des anderen zu erlangen.

Das ist eine Entscheidung, die nur jeder selbst für sich fällen kann. Sicher ist, dass jede der beiden Möglichkeiten eines völlig verschiedenen Plans bedarf. Wer sein Glück allein und auf Kosten des Partners erreichen will, wird die Gesetze der Manipulation befolgen. Gemeinsames Glück hingegen erfordert gemeinsame Entscheidung für einen gemeinsamen Plan.

2
Ehe Sie Ihr Zusammenleben planen können, darf es keine Zweifel über die gemeinsamen Ziele geben

Nirgendwo anders im Verlaufe dieses Trainings drängt sich die Frage so eindringlich auf: Wie kann es möglich sein, dass Egoisten bessere Partner sind als andere, die bereit sind, sich anzupassen, nachzugeben oder den anderen mehr zu respektieren als sich selbst?

Hier ist der entscheidende Unterschied dieser beiden Einstellungen:

- Wer sich anpasst und nachgibt, verzichtet darauf, seine eigenen Interessen wahrzunehmen. Er ordnet sein eigenes Glück dem des anderen unter. Und jede Form der Selbstaufgabe ist nichts anderes als der Verzicht auf eine gleichberechtigte Partnerschaft.
- Das betrifft natürlich nicht nur den einen Partner, mit dem man zusammenlebt. Wer Nachgeben und Selbstverleugnung in der Partnerschaft lange genug trainiert hat, wird sie auch den Kindern, den Chefs und den Anforderungen der Mitwelt gegenüber praktizieren.

Wenn es um die Entscheidung geht: »Was tue ich?«, wird er zuerst fragen: »Was darf ich, was muss ich tun, um es den anderen recht zu machen?«

Wenn das Ihre Einstellung ist, brauchen Sie keinen eigenen Lebensplan. Er wäre Ihnen nur hinderlich. Suchen Sie sich jemanden, der Ihnen sagt, was zu tun ist – und tun Sie es ohne Murren.

Jawohl, ohne Murren. Denn jede Auflehnung bringt Sie in eine zwiespältige Situation: Sie revoltierten dann gegen die Unterdrückung, die Sie selbst herbeigeführt haben, weil Sie sich vor der Verantwortung drücken möchten, die mit jeder individuellen Freiheit verbunden ist.

Der Egoist weiß, was er will und bringt es rückhaltlos in die Partnerschaft ein. Er lässt keinen Zweifel darüber: »Zuerst ich allein. Dann wir gemeinsam.«

Keine sentimentalen Liebesschwüre. Kein Versprechen, von dem er nicht weiß, ob er es vielleicht schon morgen nicht halten kann oder will. Der Egoist ist deshalb der bessere Partner, weil er die gefährlichste Versuchung in jedem Zusammenleben vermeidet, noch ehe sie zum Problem wird: die Heuchelei.

Nichts zerstört Partnerschaften mehr als das Pokerspiel um die ungeklärten Ziele. Man verspricht sich alles, aber nichts konkret. Man fordert vom anderen, wozu man selbst nicht bereit ist.

Wenn Sie einander geschworen haben: »Wir lieben uns und werden ein Leben lang beisammenbleiben«, mag das ein lobenswerter Vorsatz sein. Aber ist das schon alles? Was werden Sie tun, wenn nach ein, zwei Jahren die

Routine des Alltags die ewige große Liebe ins Wanken bringt?

Was werden Sie dann tun? Vor allem aber: Was könnten Sie heute schon tun, um es zu vermeiden?

Hier ist ein Vorschlag für vier vorbeugende Maßnahmen:

1. Jeder Partner legt von Anfang an seine Karten auf den Tisch und lässt keinen Zweifel darüber offen, was er kann, was er will und was er für sich in Anspruch nimmt.

2. Dann einigen Sie sich auf das gemeinsame Ziel. Das höchste Ziel, das Sie sich stecken könnten, lautet zweifellos: »Wir wollen gemeinsam mehr erreichen, als jeder für sich allein erreichen könnte.«

   Auf welche Ziele Sie sich auch einigen, vergessen Sie nicht, dass es im individuellen Leben wie im Zusammenleben immer nur zwei höchste Wünsche gibt: an jedem Tag durch den größten eigenen Einsatz möglichst frei und glücklich zu sein.

   Wohlgemerkt: an jedem Tag Ihres Lebens, und durch größtes eigenes Bemühen.

   Diese Entscheidung hindert Sie daran, Ihr Glück von anderen zu erwarten, den Partner eingeschlossen. Es bewahrt Sie davor, sich in die Hoffnung zu flüchten, dass sich morgen oder übermorgen schon irgendwie alle Probleme lösen, über die Sie sich heute hinwegschwindeln möchten.

3. Sie teilen die Aufgaben auf, für die jeder die Verantwortung zu übernehmen hat. Gleichzeitig lassen Sie keinen Zweifel daran offen, worauf jeder bereit ist, zum Vorteil des gemeinsamen Ziels zu verzichten.

4. Wenn das geschehen ist, können Sie für ein Jahr den Plan des Weges zeichnen, den Sie gemeinsam gehen wollen.

Tun Sie es schriftlich. Teilen Sie ihn in vier bis fünf Etappen mit festgelegten Terminen ein. Halten Sie an jeder Etappe inne, um aus Erfolgen und Fehlern für den weiteren Weg dazuzulernen.

Das klingt recht vernünftig, meinen Sie nicht auch? Reden Sie doch mit Ihrem Partner darüber.

Damit es kein Missverständnis gibt: Alles das schließt natürlich keinesfalls aus, dass das spontane Gefühl grenzenloser Liebe füreinander ein ausgezeichneter Anfang einer Partnerschaft sein kann. Es soll hier nur auf die Gefahr hingewiesen werden, dass Liebe allein keine Probleme löst, sondern immer neue Probleme schafft.

Es sei denn, Sie haben rechtzeitig vorgesorgt, dass Ihre Liebe nicht von falschen Erwartungen und vorhersehbaren Enttäuschungen zerstört werden kann.

Auch wenn die Behauptung, dass Liebe allein Probleme schafft, statt sie zu lösen, für Sie ziemlich respektlos klingt: Sehen Sie sich doch in Ihrem Bekanntenkreis um. Aber vielleicht ist das gar nicht notwendig, weil Sie aus eigenen Erfahrungen genug Schlüsse ziehen können.

Zum Beispiel den Schluss: »Für die Zukunft lerne ich aus meinen Fehlern, in die ich bisher arglos und hilflos hineingetappt bin.«

Was Sie aus diesem Teil der dritten Übung lernen können – wenn Sie es bisher noch nicht getan haben –, ist die Notwendigkeit, einmal in aller Ruhe zu klären, was Sie selbst sich von Ihrem eigenen Leben und dem Zusammenleben mit einem Partner wirklich erwarten.

Wirklich erwarten, heißt: Sie überlassen es nicht anderen, darüber zu bestimmen, worin Ihre ganz persönlichen Bedürfnisse, Wünsche und Träume bestehen. Sie sagen auch nicht: Was für andere richtig ist, wird schon irgendwie auch für mich richtig sein.

Lassen Sie keinen Zweifel offen, dass das, was Sie an Wünschen in die Partnerschaft einbringen, wirklich Ihre eigenen Wünsche sind. Sie mögen ganz anders sein als die Wünsche des Partners. Aber erst wenn Sie Gemeinsamkeiten und Unterschiede offen gelegt haben, können Sie entscheiden, ob Sie eine Familie gründen oder nur gemeinsam eine wilde Nacht oder einen unvergesslichen Urlaub am Meer verbringen wollen.

3
Es muss nicht unbedingt die Ehe sein, wenn Sie gemeinsam mehr als allein erreichen wollen

An dieser Stelle ist es an der Zeit, einige Überlegungen über den Begriff »Partnerschaft« anzustellen. In der »Egoisten-Bibel« heißt es lapidar: »Jede Partnerschaft beginnt bei Dir selbst. Du bist Dein verlässlichster Partner, wenn Du an Dich glaubst und mit Dir in Harmonie bist.«

Dieser hohe Anspruch gilt natürlich nur für Gescheite, deren Lebensprinzip lautet: »Der wahre Fortschritt unserer hektischen Zeit ist die Rückkehr zu Dir selbst.« Das bedeutet vor allem, die Verantwortung für sich selbst zu übernehmen. Sie erinnern sich sicherlich an die Anmerkung: Wie sollte jemand die Verantwortung für eine glückliche Partnerschaft übernehmen können, wenn er nicht bereit ist, die Verantwortung für sich selbst zu tragen?

Im Umgang mit unserer Mitwelt dreht sich ganz offensichtlich alles um die Entscheidung: Gegner oder Partner? Im Grunde genommen erweisen sich alle anderen Menschen als Gegner im täglichen Spiel des Lebens. Nachdem alle um uns herum Erwartungen in uns setzen oder uns für ihr Wohl oder ihren Vorteil einspannen wollen, sind wir ständig mit den Fragen konfrontiert:

- Wann entscheide ich mich für einen notwendigen Kompromiss?
- Wann wahre ich meine Eigenständigkeit? Oder wie die Egoisten es nennen: Wie schütze ich meine Unabhängigkeit vor den Manipulationen anderer?

Das bedeutet selbstverständlich auch: Jemand, der Sie grenzenlos liebt, kann durchaus zur Kategorie der Gegner gehören. Er möchte Sie für sich allein besitzen und wacht mit Eifersucht darüber, dass Sie sich nicht aus seiner Umklammerung befreien.

Wenn es ihm nicht durch Verlockungen gelingt, greift er in vielen Fällen zur Erpressung. Misslingt auch das, wandelt sich nicht selten der anfängliche Liebesschwur zum Gelübde ewiger Rache.

Die Ehe und der unvermeidliche Treueschwur gehören zu den verhängnisvollen großen Missverständnissen der Partnerschaft. Sie begrenzen die individuelle Freiheit und machen die Gemeinsamkeit zur Pflicht.

Während der eine versucht, sich irgendwann einmal dieser lästig gewordenen Pflicht zu entziehen, versucht der andere, ihn daran zu hindern und weiter an sich zu binden. Der Dschungelkrieg des Misstrauens und der Heuchelei beginnt. Eine Konfrontation, ausgefochten mit Mitteln, die wir alle kennen. Die Qual der Schuldgefühle ist nur eine der unvermeidlichen Folgen.

Natürlich gibt es auch die ganz normale Gegnerschaft in

einer Beziehung. Man hat sich daran gewöhnt, zur Wahrung der eigenen Freiheit gegen den Partner kämpfen zu müssen. Auf dieser Basis wird nicht selten ein Arrangement gefunden, das oft mit Argumenten endet wie: »Was soll's, es kommt doch nie etwas Besseres nach.« Oder: »Wenn ich geahnt hätte, was aus unserer großen Liebe wird, hätte ich vieles anders gemacht.« Oder auch: »Alles ist besser, als allein zu sein.«

Zusammenleben als Gegner, weil wir uns nicht auf einen gemeinsamen Plan und gemeinsame Regeln einigen können – oder ein Plan zur Gemeinsamkeit?

Zwei verschiedene Wege, die – und das kann nicht oft genug betont werden – zweier völlig verschiedener Strategien bedürfen.

Das vorliegende Partner-Programm verfolgt als erklärtes Ziel die Gemeinsamkeit. Jede der bisherigen Anregungen ist darauf ausgerichtet.
• Sie sollten sich bewusst machen, wer Sie sind und welche Form des Zusammenlebens das beste Resultat verspricht.
• Wenn Sie sich darüber im Klaren sind, ist es unvermeidlich, dass Sie die Entscheidung fällen: »Gemeinsam oder gegeneinander«.

Diese Entscheidung bestimmt für Sie fortan Ziel und Plan der Partnerschaft. Dabei ist es nicht mehr wichtig, ob Sie verheiratet sind oder nicht, oder ob Sie eine Single-Beziehung eingehen. Auch die Beziehung zu Ihren Kindern,

Kollegen, Mitarbeitern oder Freunden wird davon betroffen sein.

Jede Ihrer Partnerschaften orientiert sich dann ganz automatisch an der Definition, für die Sie sich im Zusammenleben mit jemand anderem einmal entschieden haben.

Es versteht sich von selbst, dass die Strategie der Gemeinsamkeit nur nach den Regeln und Techniken des gemeinsamen Entscheidens und Handelns funktionieren kann, von denen noch ausführlich die Rede sein wird.

4
Sieben Fragen auf der Suche
nach einem gemeinsamen Plan
des Zusammenlebens

Vermutlich ist Ihnen bei der Lektüre der bisherigen Anregungen längst aufgefallen, dass sie sich deutlich von üblichen Trainings-Anleitungen unterscheiden. Vielleicht ist es in Ihrem bisherigen Leben längst zur Selbstverständlichkeit geworden, die Anordnungen von Lehrern, Autoritäten und Trainern mit mehr oder weniger großem Eifer zu befolgen. Immer darauf bedacht, alles richtig und nichts falsch zu machen.

Die Maßstäbe werden von den Trainern vorgegeben. Das gilt für Tennis-Trainer genauso wie für die Wahrer von Recht, Ordnung und Moral. Die Botschaft aller Lehrer an die Belehrten lautete immer schon: »Ich weiß alles, du weißt nichts. Folge meinen Anweisungen, sonst kommst du nie ans Ziel.«

Keiner Ihrer Trainer ist daran interessiert, dass Sie besser wissen, was für Sie richtig ist, als er. Er braucht Ihre Abhängigkeit, Ihr Vertrauen und Ihre Unterordnung. Wenn Sie versagen, gibt er dafür immer Ihnen die Schuld. Nie sich selbst.

Wissen die Trainer, deren Anweisungen Sie blind befolgen, wirklich besser, was für Sie falsch oder richtig ist? Oder besteht nicht vielleicht der Verdacht, dass sie bloß mit dem, was sie besser zu wissen vorgeben, möglichst lange an Ihnen profitieren möchten? Kein Priester wird Ihnen jemals sagen: »Du hast jetzt Gott gefunden und brauchst die Kirche nicht mehr.«

Das vorliegende Programm geht davon aus, dass Sie Ihr Leben selbst gestalten, indem Sie sich von Bevormundung befreien und selbstbewusst Ihre Einmaligkeit entdecken. Das können Sie nur als Ihr eigener Trainer.

Jedes Training als Ihr eigener Trainer kann nur erfolgreich sein, wenn es diese drei Voraussetzungen erfüllt:

- Sie müssen ein klares Ziel vor Augen haben, das Ihrem Wesen, Ihren Bedürfnissen und Wünschen entspricht.
- Sie müssen sich mit diesem Ziel identifizieren und daran glauben, dass Sie es eines Tages, wenn Sie es lange und ernsthaft genug verfolgt haben, erreichen werden.
- Ihr Glaube an sich selbst muss stärker sein als der Glaube an die Hilfe, die Sie von irgendjemand anderem erwarten könnten.

Wenn Sie ehrgeizig die Anweisungen von Trainern befolgen, werden Sie vielleicht eines Tages dorthin gelangen, wohin Ihr Trainer Sie geführt hat. Wenn Sie Ihr eigener Trainer sind, nehmen Sie die Chance wahr, an das Ziel zu kommen, das Sie selbst sich gesteckt haben, weil es Ihrem wahren Ich entspricht. Daran sollten Sie denken, wenn Sie daran gehen, Ihren Partner-Plan zu entwerfen.

Lassen Sie uns abschließend noch sieben Fragen auflisten, die Ihnen dabei behilflich sein werden, wenn Sie mit einem Partner gemeinsam das Zusammenleben planen:

1. Was will ich?
2. Was willst Du?
3. Was wollen wir gemeinsam erreichen, das keiner allein erreichen könnte?
4. Was ist jeder bereit, dafür einzusetzen, und worauf ist er bereit zu verzichten, weil es die Gemeinsamkeit behindern könnte?
5. Auf welche gemeinsamen Regeln einigen wir uns schon jetzt, für deren Erfüllung keine Ausnahmen zugelassen sind?
6. In welchen Abständen überprüfen wir, ob der gemeinsame Weg für jeden mehr Vorteile als Nachteile gebracht hat? Und: Was können wir aus den Fehlern für die weiteren Schritte lernen?
7. Welche Vorkehrungen treffen wir für den Fall der Trennung, wenn wir erkennen, dass jeder allein mehr erreichen könnte, als es uns trotz aller Bemühungen möglich war?

Alles, was wir im Leben erreichen möchten, beginnt mit der Entscheidung für ein Ziel. Wenn wir uns auf den Weg dorthin begeben, gibt es keine Garantie, ob wir das Ziel auch erreichen werden. Ein Plan wahrt nur die Chance, die Richtung einzuhalten. Ob und wie wir die Hindernisse bewältigen, die sich uns auf diesem Weg entgegenstellen, hängt davon ab, wie gut wir dafür gerüstet sind.

5

Fassen wir zusammen,
ehe Sie weiterlesen

Wer mit einem Partner gemeinsam glücklich leben will, braucht Regeln, an die sich jeder hält. Um zu dieser Entscheidung zu gelangen, sollte jeder der Partner seine eigenen Wünsche, Erwartungen und Bedürfnisse offen legen.

Wer selbst nicht weiß, was er will, dem reden es andere ein. Wer dem Partner immer Recht gibt, um sich der Verantwortung für das gemeinsame Glück zu entziehen, darf sich nicht wundern, wenn er unterdrückt wird.

Haben Sie die sieben Fragen ernsthaft beantwortet, die Ihnen für diese Übung im Partner-Training vorgeschlagen werden? Wenn nicht, sollten Sie noch einmal zurückblättern, ehe Sie weiterlesen.

Vierte Übung

Die besten Pläne nützen nichts, wenn Sie vor den Hindernissen flüchten, die ihrer Erfüllung im Wege stehen

1. *Neun Hindernisse, die einer glücklichen Partnerschaft im Wege stehen*
2. *Sprechen Sie mit Ihrem Partner über Ihre Ängste. Aber werden Sie allein damit fertig*
3. *Lernen Sie loszulassen, was die Partnerschaft belastet. Und zuzulassen, was die Gemeinsamkeit vertieft*
4. *Ihre schönste Mitgift für eine Partnerschaft ist die Antwort auf drei Fragen, die Sie nicht durch Ausreden beschönigen sollten*
5. *Jede Partnerschaft erreicht einmal den Punkt, an dem der eine die Freiheit des anderen ohne Wenn und Aber respektieren sollte*
6. *Fassen wir zusammen, ehe Sie weiterlesen*

1
Neun Hindernisse,
die einer glücklichen
Partnerschaft
im Wege stehen

Die vierte Übung des Partner-Trainings beschäftigt sich mit den Hindernissen, die dem Erreichen des beschlossenen Ziels im Wege stehen. Und dieses Ziel – um es Ihnen wieder einmal ins Gedächtnis zu rufen – lautet: »Wir wollen gemeinsam mehr erreichen als es jedem von uns allein möglich wäre.« Oder: »Wir wollen gemeinsam glücklicher sein als wir es allein sein könnten.«

Es ist nicht unbedeutend, sich dieses Vorhaben immer wieder vor Augen zu führen, wenn Sie aus dem Partner-Training praktischen Nutzen ziehen wollen. Es bestimmt schließlich nicht nur Ihre Entscheidungen, Pläne und Maßstäbe des Zusammenlebens. Das gemeinsame Ziel ist auch der Ausgangspunkt Ihrer Suche nach den Hindernissen, die zu überwinden sind.

Hier sind neun dieser Hindernisse, auf die Gescheite gestoßen sind, nachdem sie beschlossen hatten, sich auf die Rückkehr zu sich selbst zu begeben. Später brachten sie solche Erkenntnisse, wie sie in dem Programm »Das Egoisten-Training« beschrieben werden, in die Strategie ihres Partner-Trainings ein.

Erstes Hindernis:

Der Versuch, seine Ängste vor sich selbst und dem Partner zu verbergen. Statt offen darüber zu reden, weil das Eingeständnis der Ängste ein Bestandteil unseres Selbstbekenntnisses ist.

Zweites Hindernis:

Die Heuchelei, jemand Besserer zu sein, als man tatsächlich ist. Statt offen einzubekennen, dass wir alle Schwächen haben. Der Unterschied besteht allein darin, wie wir lernen, damit umzugehen.

Drittes Hindernis:

Unsere heimlichen Gefühle und Gedanken zu verdrängen, aus Angst, den anderen zu verletzen oder vom anderen verletzt zu werden. Statt unmissverständlich zu signalisieren, was wir fühlen, denken und wozu wir uns bekennen. Damit der andere die Möglichkeit hat, sich darauf einzustellen.

Viertes Hindernis:

Einer notwendigen eigenen Entscheidung auszuweichen, weil es bequemer ist, sie aufzuschieben oder darauf zu warten, dass andere sie für uns fällen. Statt gemeinsam das Für und Wider offen zu besprechen, bis der Punkt erreicht ist, an dem man nach dem Grundsatz entscheiden kann: »Richtig ist nicht, was mir nützt, sondern was uns beide glücklicher macht.«

Fünftes Hindernis:

Dem anderen die Schuld für ein Versagen anzulasten, um

sich selbst besser zu fühlen. Statt gemeinsam die wahre
Ursache eines Fehlers zu analysieren, ohne nach Schuld
oder Unschuld zu suchen. Niemand kann schließlich aus
einem Fehler lernen, für den er jemand anderen verantwortlich macht.

Sechstes Hindernis:
Die zwanghafte Suche nach gemeinsamen Interessen auf
Kosten der Freiheit, die jeder für sein individuelles Selbst-
verständnis braucht. Partnerschaft bedeutet nicht, dass einer sich den Interessen des anderen unterwirft, sondern
dass jeder die Besonderheit des anderen respektiert, um
dann selbst von ihm respektiert zu werden.

Siebentes Hindernis:
Eine Aggression gegen sich selbst am anderen abzureagie-
ren, um seine eigene Hilflosigkeit zu verbergen. Statt eine
Aggression gemeinsam zu analysieren, damit beide Partner lernen, ihre Ursachen zu verstehen.

Achtes Hindernis:
Die Maßstäbe anderer wichtiger zu nehmen als die
Maßstäbe, die man gemeinsam für die eigene Partnerschaft beschlossen hat. Niemand kann die Probleme besser lösen als die Betroffenen selbst. Die Voraussetzung dafür ist allerdings die Bereitschaft, sich einem Problem zu
stellen, statt davor zu flüchten.

Neuntes und größtes Hindernis:
Der Versuch, die Vorteile einer Partnerschaft zu genießen, ohne die Nachteile in Kauf zu nehmen.

Wenn Sie den Partner als Ihren Gegner betrachten, den Sie ständig manipulieren wollen, sollten Sie sich andere Ziele setzen. Das Ziel, gemeinsam stärker zu sein als allein, werden Sie damit nie erreichen.

2
Sprechen Sie mit Ihrem Partner über Ihre Ängste. Aber werden Sie allein damit fertig

Es besteht kein Zweifel darüber, dass zu den größten Hindernissen jeder Partnerschaft die Ängste gehören, die wir vor uns selbst und anderen verbergen.

Ängste sind Bestandteil unseres Lebens und des Umgangs miteinander. Sie gehören zum manipulativen Spiel der Unterwerfung und Bevormundung. Unsere lebenslange Erziehung beruht auf der Strategie der Bedrohung mit der Angst.

Die Formel, mit der sich die Schlauen die Masse der Dummen untertan machen, ist einfach und wird seit Jahrhunderten erfolgreich praktiziert. Sie lautet: »Wir sagen Dir, was falsch und richtig ist. Wenn Du gehorchst, findest Du Schutz und Anerkennung. Wenn Du aus der Rolle fällst, wirst Du bestraft.«

Auf diesem Prinzip beruhen die Gesetze der Staaten, der meisten Religionen und der Erziehung jeglicher Art. Politik und Werbung inbegriffen.

Drohung und Angst sind das Instrument unserer lebenslangen Erziehung. Auch wenn wir es nicht wahrhaben wollen. Andere beschließen über unsere Köpfe hinweg in unserem Namen, was für uns falsch und richtig ist.

Und sie halten uns ständig mit ihren Forderungen in Trab, um uns keine Ruhe zu gönnen, darüber nachzudenken, ob ihre Maßstäbe auch unsere eigenen Maßstäbe sind.

Es gehört zur Lebenseinstellung der Gescheiten, sich aus dieser Bevormundung zu befreien, um als freie, mündige Bürger selbst für sich zu denken und zu entscheiden. Statt sich an vorgegebenen Maßstäben zu orientieren, die angeblich für »alle« gelten.

Nicht zufällig lautet deshalb eines der Postulate in der »Egoisten-Bibel«: »Jede Erziehung ist eine Erziehung durch Angst, Drohung und Erpressung. Wer Angst hat, ist erpressbar. Wer selbst weiß, was er will und sein eigener Erzieher ist, kann nicht erpresst werden.«

Wahrscheinlich gehört es zu den größten Herausforderungen der Partnerschaft, das Prinzip der Bedrohung des einen durch den anderen zu durchbrechen und Vorherrschaft durch Partnerschaft zu ersetzen.

Wenn also die Angst das Instrument der Unterwerfung ist, gehört es zum selbstverständlichen Ritual der Partnerschaft, sich immer wieder gemeinsam damit auseinander zu setzen.

Partnerschaft beruht auf Gemeinsamkeit. Jede Angst voreinander, die nicht ausgesprochen wird, ist ein Hindernis, das die Gemeinsamkeit bedroht.

Für die Bewältigung dieser Angst praktizieren viele Gescheite die Methode der zwei Schritte:

1. Gemeinsam darüber sprechen.
2. Allein damit fertig werden.

Die offene Aussprache, meinen viele Gescheite, sei das entscheidende Bindemittel einer Partnerschaft. Sie erfüllt eine zweifache Funktion: Befreiung und Kooperations-Bereitschaft.

Bei der Konfrontation mit Problemen – und Ängste gehören zu den häufigsten – stehen wir immer vor der Entscheidung: flüchten oder lösen, unterdrücken oder loslassen. Schon das Aussprechen eines Problems ist der erste Schritt des Loslassens.

Die Entscheidung, gemeinsam glücklicher zu sein als allein, bedeutet: Über alles zu reden, was diese Gemeinsamkeit behindern könnte. Jedes verdrängte Gefühl – Zorn genauso wie Zuneigung – wird zum Störfaktor, wenn es nicht ausgesprochen wird.

Gescheite sagen nicht ohne Grund: »Es ist besser, eine Stunde lang zu streiten, als eine Aggression einen Tag lang zu verdrängen.«

Über alles miteinander reden zu können, bedeutet letzten Endes nichts anderes als der Anfang zur Kooperation bei der Lösung aller Probleme, die dem gemeinsamen Glück im Wege stehen.

Vielleicht fragen Sie jetzt erstaunt: »Warum aber sollten wir dem Partner nicht helfen, eine Angst zu bewältigen, die er ausgesprochen hat?« Die Antwort, wie sie die »Egoisten-Bibel« anbietet, lautet: Jemandem helfen zu wollen, ein ganz persönliches Problem zu bewältigen, ist eine Versuchung für ihn, der Lösung auszuweichen. Nichts behindert das eigene Bemühen zur Lösung eines Problems so sehr wie das Mitleid eines anderen, mit dem er uns trösten möchte.

Gemeinsam mit jemandem zu leiden, mag tröstlich sein. Aber kein Problem wird dadurch gelöst, dass beide Partner sich mit dem gemeinsamen Leiden zufrieden geben, statt entschlossen nach der besten praktischen Lösung des Problems zu suchen.

Das mag für Sie ein völlig ungewohnter Standpunkt sein. Schließlich gehören Begriffe wie Mitleid, Trost, Hilfsbereitschaft oder die Verantwortung, die wir angeblich für andere übernehmen müssten, zu den Schlagworten, mit denen schlaue Helfer erfolgreich operieren.

Jemandem zu helfen, ein Problem zu lösen, das nur er selbst bewältigen kann, ist immer ein Signal der Überlegenheit. Die manipulative Strategie, die dahinter steckt, besagt: »Hilf jemandem so lange, bis er von Dir abhängig ist. Dann kannst Du ihn jederzeit mit der Angst erpressen, ihm Deine Hilfe wieder zu entziehen.«

Partnerschaft bedeutet, dass jeder für sich und die Lösung seiner Probleme selbst die Verantwortung übernimmt. Mit anderen Worten: Erst wenn jeder imstande ist, seine eigenen Probleme zu lösen, können beide diese Fähigkeit bündeln, ihre gemeinsamen Probleme gemeinsam zu lösen.

3
Lernen Sie loszulassen, was die Partnerschaft belastet. Und zuzulassen, was die Gemeinsamkeit vertieft

Vermutlich ist die Sprachlosigkeit zwischen Partnern der Hauptgrund für ihre zunehmende Entfremdung. »Ich sage lieber nichts, bevor ich etwas Falsches sage«, lautet eine der verhängnisvollsten Anleitungen unserer Erziehung zur Selbstverleugnung.

Loslassen zu können statt aus Selbstschutz zu verdrängen – das ist die große Chance der Partnerschaft. Sie ist schließlich das Bündnis der Gemeinsamkeit zur Bewältigung von Problemen.

Im hierarchischen System der Erziehung sind die allgegenwärtigen Trainer nicht unsere Partner, sondern Gegner, vor denen wir ständig auf der Hut sein müssen, um nicht durch ihren Autoritätsanspruch verletzt zu werden. Wir unterdrücken, was nicht sein darf, und sind zu jeder Erniedrigung bereit, um gelobt und geliebt zu werden. Trainer fördern unsere Abhängigkeit und unser Schuldbewusstsein, um zu ihrem Vorteil davon Gebrauch machen zu können.

Partnerschaft ist ein erfolgreiches Bündnis zur Befreiung aus der Selbstverleugnung. Vorausgesetzt, wir erfüllen die

Ziele der ersten drei Übungen, wie sie in diesem Programm vorgeschlagen werden:

1. Wir machen uns diese Chance bewusst, gemeinsam mehr zu erreichen als allein.
2. Wir entscheiden uns zur Gemeinsamkeit als bessere Alternative zur Gegnerschaft, in der jeder nur seinen eigenen Vorteil auf Kosten des anderen sucht.
3. Wir besitzen einen Plan, gemeinsam die Fähigkeiten zu trainieren, die erforderlich sind, Probleme zu lösen, statt sie gegeneinander auszuspielen.

Vielleicht ermuntern Sie bei diesen Bemühungen einige Erkenntnisse Gescheiter, wie sie für die »Egoisten-Bibel« gesammelt und aufgezeichnet wurden:

- Die beste Voraussetzung für die Partnerschaft ist nicht die Gleichheit, sondern die Ergänzung durch ständige kreative Auseinandersetzung.
- Partnerschaft heißt nicht Nachsicht mit dem anderen, sondern gegenseitige Einsicht in der kreativen Auseinandersetzung.
- Partnerschaft ist der Respekt vor dem anderen, damit der andere Dich respektiert.
- Partnerschaft bedeutet, so zu teilen, dass jeder mehr gewinnt, als er investiert hat.
- In der Partnerschaft hat jeder auf seine Weise Recht. Du respektierst die Wahrheit des Partners, damit er Deine Wahrheit respektiert. Wenn er es nicht tut, bleibt Deine Wahrheit trotzdem Deine Wahrheit. Und seine Wahrheit bleibt seine. Ohne dass Du versuchst, ihn zu ändern.

- Die Partnerschaft verliert ihren Sinn, wenn sie Dir mehr Sorgen als Freude bereitet. Dann ist es an der Zeit, ohne Rücksicht eine neue Entscheidung zu fällen.

Vermutlich werden Sie einige Mühe haben, solchen kompromisslosen Folgerungen zuzustimmen. Es mag daran liegen, dass sie auf der Entscheidung beruhen, die an anderer Stelle der »Egoisten-Bibel« auf diesen Punkt gebracht wird: »Du kannst mit keinem Partner glücklich sein, wenn Du nicht mit Dir selbst glücklich bist. Wie Du auch niemanden lieben kannst, wenn Du Dich selbst nicht liebst.«

Mit anderen Worten: Wenn Sie nicht bereit sind, Ihre Probleme selbst zu lösen, dürfen Sie sich nicht wundern, wenn Sie nicht imstande sind, Probleme mit dem Partner gemeinsam zu lösen. Der Anfang jeder gemeinsamen Problemlösung ist die Entscheidung, die eigenen Probleme auszusprechen, statt sie zu verdrängen.

Ein wesentlicher Teil des gemeinsamen Bündnisses ist die Entscheidung: Jeder kann jedem alles sagen, ohne die Angst, von ihm für diese Offenheit erpresst zu werden.

Diese Bereitschaft, alles loszulassen, was Sie belastet, und alles zulassen zu können, wird durch zwei Eigenschaften behindert, die wir uns im Laufe unserer Erziehung angeeignet haben: Selbstzweifel und Ungeduld.
- Wir zweifeln, dass wir ein Problem aus eigener Kraft lösen könnten. Deshalb reden wir erst gar nicht darüber, sondern weichen ihm durch Verdrängung aus.

- Wir nehmen uns nicht die Zeit, uns so lange beharrlich mit der Lösung eines Problems zu beschäftigen, bis es gelöst ist. Auf diese Weise trainieren wir die Flucht vor Lösungen, indem wir in immer neue Aufgaben ausweichen.

Trainieren, heißt es in der »Egoisten-Bibel«, bedeutet: Das, was wir können möchten, so lange geduldig einzuüben, bis es sich ganz von selbst ergibt.

Niemand kann schließlich einen Marathonlauf gewinnen, wenn er schon nach dem ersten gescheiterten Versuch ungeduldig mit der beliebten Entschuldigung resigniert: »Ich habe es ja versucht. Aber ich schaffe es halt leider nicht.«

Worum es in dieser Übung geht, ist die Einsicht, dass Gemeinsamkeit darauf beruht, nicht auf seinem eigenen Standpunkt zu beharren, ohne den Standpunkt des Partners zu kennen und zu respektieren.

Zugegeben: Für viele von uns bedarf diese Einstellung des geduldigen Trainings der Fähigkeit des Loslassens und Zulassens. Eine Übung, die ein hohes Maß an gegenseitigem Verständnis erfordert.

4
Ihre schönste Mitgift
für eine Partnerschaft ist
die Antwort auf drei Fragen,
die Sie nicht durch Ausreden
beschönigen sollten

Wo stehe ich heute, woher komme ich und wohin will ich gehen? Das sind die drei Grundfragen unseres Lebens. Haben Sie jemals versucht, gültige Antworten darauf zu finden? Wohlgemerkt: Antworten – nicht flüchtige Ausreden.

Wer sich aus der Bevormundung seiner Erziehung befreien möchte, wird unweigerlich scheitern, wenn er nicht sein ganzes bisheriges Leben neu überdenkt:

- Wo stehe ich heute? Hier und jetzt. Bin ich glücklich? Lebe ich wirklich so, wie ich leben möchte, oder lebe ich nach den Maßstäben und Forderungen, die andere mir diktieren?

- Woher komme ich? Wer hat mich nach seinen Vorstellungen erzogen? Wer und was bestimmt darüber, ob ich glücklich bin oder nicht? Wovor fürchte ich mich so sehr, dass ich alles das unterdrücke, wonach ich mich in meinen geheimen Träumen ein Leben lang sehne?

- Wohin will ich gehen? Bin ich mit dem Leben zufrieden, das ich führe, oder hoffe ich, dass irgendwann irgendjemand kommt, der mir eine Chance gibt und mich glücklich macht? Oder bin ich entschlossen, mein Glück von niemand anderem abhängig zu machen als von mir selbst?

Gleichgültig, ob Sie sich auf diese Fragen befriedigende Antworten geben oder nicht: Genau das ist die schönste Mitgift, die Sie in eine Partnerschaft einbringen könnten.

Machen Sie sich keine falschen Hoffnungen: Die elegantesten Ausflüchte werden nicht darüber hinwegtäuschen können, dass Ihre Partnerschaft von vorneherein zum Scheitern verurteilt ist, wenn Sie nicht ganz genau wissen, was Sie wollen.

Erst dann, wenn Sie wissen, was Sie selbst von Ihrem Leben erwarten, können Sie entscheiden, wie Sie durch eine Partnerschaft etwas erreichen können, wozu Sie allein nicht imstande wären.

Vielleicht finden Sie bei der Suche nach Ihrem Lebensziel eine andere Antwort, für Gescheite jedenfalls lautet sie: »Ich will aus eigener Kraft an jedem Tag meines Lebens möglichst frei und glücklich sein.«

Freiheit und Glück – ist es das, was Sie wollen?

Oder möchten Sie lieber nur erfolgreich, berühmt, wohlhabend und gesund sein und von aller Welt geliebt werden? Erfolgreich wie Boris Becker. Berühmt wie Einstein. Wohlhabend wie Bill Gates. Aber wer ist schon trotz allem

Erfolg und größtem Reichtum ein Leben lang gesund und von aller Welt geliebt?

Wie Sie vielleicht vermuten, besteht ein gewisser Unterschied darin, ob jemand reich, berühmt oder tüchtig ist, oder ob er zu den Gescheiten gehört, die von alledem nicht abhängig sein wollen. Weil sie sich dazu entschlossen haben, vor allem anderen aus eigener Kraft möglichst frei und glücklich zu sein.

Oder gehören Sie zu den einfältigen Dummen, die darauf schwören, dass Geld allein schon glücklich macht? Vielleicht erhoffen Sie auch Ihr Glück von der Schläue, mit der Sie möglichst viele andere von sich abhängig machen?

Zugegeben, das sind gezielt provokante Fragen, um Sie zu veranlassen, sich Ihrem wahren Selbst zu stellen. Aber einmal ganz ehrlich: Wie sollten Sie denn jemals imstande sein, ein freier und glücklicher Mensch zu sein, wenn Sie sich nicht bewusst sind, wie sehr Geld, Besitz und Erfolg allein abhängig machen.

Irgendwann im Verlauf einer Partnerschaft würde es sich rächen, dass Sie nicht rechtzeitig beschlossen haben, worauf Sie zu verzichten bereit sind, um gemeinsam mit einem Partner etwas zu erreichen, was Ihnen wichtiger ist als alles andere: Mehr Freiheit und mehr Glück, als Sie es allein erreichen hätten können.

Weil diese vierte Übung des Partner-Trainings darin besteht, sich über die Hindernisse klar zu werden, die einer

Glück bringenden Partnerschaft im Wege stehen, sollten Sie jetzt nicht einfach weiterblättern.

Nehmen Sie sich genügend Zeit, ein wenig darüber nachzudenken. Sie sind schließlich Ihr eigener Trainer in diesem Programm. Und ein Trainer, der nicht weiß, was er will, würde selbst in jeder Fußball-Liga bald seinen Hut nehmen müssen. Und das zu Recht. Meinen Sie nicht auch?

5

Jede Partnerschaft erreicht einmal den Punkt, an dem der eine die Freiheit des anderen ohne Wenn und Aber respektieren sollte

Es mag schon sein, dass Sie über den Begriff Freiheit eine für Sie selbst befriedigende, vielleicht vorgefasste Vorstellung haben. Wenn Sie sich allerdings bisher bei der Lektüre dieses Programms mit dem Gedanken anfreunden konnten, dass Freiheit und Glück die erstrebenswertesten Ziele Ihres eigenen Lebens und des Zusammenlebens mit einem Partner sein sollen – hier eine einfache Frage: Was verstehen Sie unter Freiheit eigentlich?

Sind Sie davon überzeugt, dass Sie in einem freien Land leben, in dem Sie sich nach Ihren eigenen Bedürfnissen und Vorstellungen entfalten können? Oder täuschen Sie sich nur darüber hinweg, wie abhängig Sie bei Ihren täglichen Entscheidungen und Handlungen in Wahrheit sind?

Wie frei möchten Sie sein, und wie abhängig sind Sie tatsächlich? Und wovon? Und von wem?

Nun – wie lautet Ihre Antwort?

Unterschätzen Sie diese Frage nicht! Ihre Antwort entscheidet darüber, wo Sie hier und heute in Ihrem Leben stehen und wohin Sie sich weiterentwickeln werden:

- Die große Klasse der Dummen ist mit dem Restprodukt an Freiheit zufrieden, mit dem die Schlauen ihnen vortäuschen, dass sie tatsächlich über ihr Leben frei bestimmen könnten.
- Die Kaste der Schlauen klammert sich an die Illusion, ihre Freiheit bestünde in der Fähigkeit, andere perfekt manipulieren zu können. Obwohl kein Zweifel darüber besteht, dass niemand wirklich frei sein kann, der von der Unterdrückung anderer abhängig ist.

Was also ist es wirklich, was uns zu freien, mündigen und glücklichen Bürgern macht? Haben Sie sich schon einmal die Mühe gemacht, darüber mehr nachzudenken als darüber, wo Sie Ihren nächsten Urlaub verbringen?

Wenn nicht, sollten Sie überlegen, warum Ihnen Ihr nächster Urlaub wichtiger ist als Ihre ganz persönliche Freiheit und die Rolle, die diese Freiheit in Ihrem Leben spielt.

Wenn Sie sich nämlich nicht darüber im Klaren sind, wird Ihnen auch niemals bewusst werden, wie ein Partner darunter leidet, dass Sie ihn unterdrücken.

Sie können es drehen und wenden, wie Sie wollen, sicher ist eines: Jede Partnerschaft erreicht einmal den Punkt, an dem der eine die Freiheit des anderen ohne Wenn und Aber respektieren sollte. Wie könnten Sie dazu imstande sein, wenn Sie gar nicht wissen, wie frei Sie in Wahrheit selbst sind?

Was also bedeutet es für Sie, ein freier Mensch zu sein?

Erwarten Sie nicht, dass Sie darauf hier eine gefällige Antwort erhalten. Sie sind auf dem Weg, Ihr eigener Trainer zu werden, und nichts würde Sie mehr daran hindern, als eine vorgefertigte, gefällige, nichtssagende Definition zu akzeptieren.

Aber vielleicht unterstützen Sie bei Ihrer eigenen Entscheidung einige Anmerkungen aus der »Egoisten-Bibel«. In einem Kapitel, das den Titel »Die Kunst, ein freier Mensch zu sein« trägt, finden sich dort Aufzeichnungen wie diese:

- An jedem Tag Dein Leben zu leben, ist das Handwerk Deines Lebens. An jedem Tag frei und glücklich zu sein, ist die Kunst des Lebens.
- Im Handwerk des Lebens bist Du von den Gesetzen des Lebens abhängig. In der Kunst des Lebens musst Du frei sein, um Dich als der zu entfalten, der Du wirklich bist. Im Handwerk bist Du einer von vielen. In der Kunst bist Du eine einmalige, unverwechselbare Persönlichkeit.
- Die Kunst frei zu sein, besteht darin, dass Du so lebst, wie es Dir entspricht, und nicht so, wie es andere von Dir erwarten.
- Wenn Du zur Klasse der Dummen gehörst, suchst Du nach der Form und bist davon abhängig. Wenn Du zur Klasse der Schlauen gehörst, bist Du davon abhängig, dass die Dummen nach Deinen Formen leben.

- Deine Freiheit ist nichts, was Dir andere geben könnten. Freiheit ist nur in Dir und beginnt bei Deinem Denken und dem Glauben daran, dass nichts unmöglich ist.

Was halten Sie von solchen Behauptungen?

Denken Sie: »Na ja, recht interessant.« Oder erwecken Sie in Ihnen etwas, das vielleicht schon seit langer Zeit in Ihrem Denken schlummerte. Sie haben sich nur nie die Mühe gemacht, es für sich zu nützen. Und warum nicht? Genügt Ihnen vielleicht die verhängnisvolle Ausrede: »Keine Zeit gehabt«?

Freiheit als Ihr persönliches Lebensprinzip. Wie denken Sie darüber? Möchten Sie ein freier Mensch sein, oder genügt Ihnen der Ersatz, als Mitglied von Amnesty International Geld dafür zu spenden, dass irgendwo in der Welt Ihnen völlig unbekannte Menschen auf Ihre Kosten andere Ihnen völlig unbekannte Menschen aus Gefängnissen befreien? Oder auch nicht.

Machen Sie sich nichts vor: Ihre eigene Freiheit beginnt damit, dass Sie selbst sich aus der Bevormundung Ihrer Mitwelt befreien. Solange Sie dazu nicht entschlossen sind, werden Sie nicht imstande sein, Ihren Partner als freien Menschen zu akzeptieren, den Sie so respektieren, wie er ist, statt ihn nach Ihren eigenen Vorstellungen unterdrücken und ausnutzen zu wollen.

Wie Sie sehen, sind die ersten vier Übungen des Partner-

Trainings nichts anderes als eine Ermunterung, sich aus der Abhängigkeit Ihrer allgegenwärtigen, lebenslangen Erzieher zu befreien, indem Sie damit beginnen, über sich selbst nachzudenken, Ihre eigenen Entscheidungen zu fällen und mit einem Partner gemeinsam ein Lebenskonzept zu entwerfen. Natürlich ist das alles andere als einfach. Aber es ist eines ernsthaften Versuches wert. Oder nicht?

Zugegeben: Alles das ist schöne Theorie. Sandkastenspiele im Kopf. Überlegungen, die Sie vielleicht noch nie in Ihrem Leben angestellt haben. Aber vergessen Sie nicht: Alle unsere Sehnsüchte, Hoffnungen und Ideen beginnen damit, dass wir sie in unserem Denken zulassen und daran glauben, eines Tages imstande zu sein, sie zu erfüllen.

In den folgenden drei Übungen des Partner-Trainings geht es darum, welche Techniken Ihnen zur Verfügung stehen, möglichst viele Ihrer gemeinsamen Entscheidungen und Pläne für eine glückliche Partnerschaft zu verwirklichen.

6
Fassen wir zusammen,
ehe Sie weiterlesen

Nachdem Sie das »Partner-Training« bis hierher gelesen haben, sollte Ihnen eines bewusst geworden sein: Das größte Hindernis, an dem so viele Partnerschaften scheitern, heißt schlicht und einfach: Angst.

Es gibt zwei Möglichkeiten, mit unseren Ängsten umzugehen: verdrängen oder loslassen.

Wer die Ängste des Partners benützt, um ihn zum eigenen Vorteil zu manipulieren, nimmt sich selbst die Chance, sie loslassen zu können. Das Eingeständnis seiner Ängste, ohne fürchten zu müssen, dass sie gegen einen verwendet werden, ist der erste Schritt ihrer Bewältigung.

Der zweite Schritt besteht darin, aus eigener Kraft mit seinen Ängsten fertig zu werden, statt nach Trost und Mitleid zu suchen.

Fünfte Übung

Loslassen und Zulassen –
machen Sie sich mit
dieser goldenen Technik
des Miteinander vertraut

1. *Gehen Sie aufeinander zu, statt aufeinander loszugehen. Und nehmen Sie sich die Zeit, die dafür notwendig ist, statt vor einem Problem davonzulaufen*

2. *Nennen Sie es »Die Zeit für uns« und lassen Sie keine Ausrede zu, davon nicht täglich Gebrauch zu machen*

3. *Wie Sie »Die Zeit für uns« zum Training der gemeinsamen Problemlösung machen können*

4. *Einigen Sie sich auf ein Signal, um den entscheidenden kritischen Punkt zu überbrücken*

5. *Brechen Sie aus dem Gewohnten aus, um ohne Schuldgefühle den Spaß am Leben zu genießen*

6. *Fassen wir zusammen, ehe Sie weiterlesen*

1
Gehen Sie aufeinander zu,
statt aufeinander loszugehen.
Und nehmen Sie sich die Zeit,
die dafür notwendig ist,
statt vor einem Problem
davonzulaufen

Gemeinsames Bewusstmachen, gemeinsames Entscheiden, Planen und die Hindernisse aufspüren, die einer glücklichen Partnerschaft im Wege stehen – das sind die Aufgaben, mit denen sich die ersten vier Übungen dieses Programms beschäftigen.

Alles das sind Vorgänge im Kopf. Vielleicht dachten Sie manchmal schon ein wenig ungeduldig: »Schön und gut. Im Grunde genommen wusste ich ja selbst, dass solche Dinge notwendig sind. Aber wie setzt man sie in der Praxis des Alltags um?«

Solche Zweifel sind verständlich in unserer Zeit der hastigen Ungeduld. Wir erkennen etwas heute und sind ganz wild darauf, es morgen schon zu besitzen. Oder zu beherrschen. Die fremdgelenkte Arbeitswelt und das Konsumverhalten signalisieren uns ständig: Was Du nicht hast, das kaufst Du Dir. Was Du Dir nicht leisten kannst, bezahlst du morgen.

Vermutlich ist das der verhängnisvollste Impuls für das Fluchtverhalten, zu dem uns die Ungeduld verführt:

- Heirate heute. Mit den Einzelheiten der Trennung wird sich dann schon der Scheidungsrichter beschäftigen, wenn es so weit kommen sollte.
- Mach Schulden. Die Bank hat genug Geld, es Dir zu leihen.
- Schaff Dir an, was andere auch haben, weil Du sonst nicht dazugehörst.
- Hoffe auf den großen Gewinn, für den Du nichts anderes benötigst als ein kleines bisschen Glück im Lotto.
- Suche immer nach dem Neuesten, auch wenn das Alte noch gar nicht aufgebraucht ist.
- Sei unermüdlich unterwegs, auch wenn Du gar nicht weißt wohin.

Natürlich gibt es immer zwei Wege, die man in seinem Leben gehen kann. Sie wissen es:

- Ich erwarte, dass meine Ziele und Sehnsüchte durch Zufall oder von anderen Leuten erfüllt werden.
- Oder ich warte nicht darauf, sondern nehme mein Leben selbst in die Hand. Erst wenn ich mich auf diesen Weg der Gescheiten begeben habe, kann ich dieses selbst erworbene Kapital an Persönlichkeit in eine Partnerschaft einbringen.

Die Flucht in die Abhängigkeit aus Ungeduld hat vermutlich zwei Ursachen:

1. Das immer neue, immer aggressivere Angebot der Schlauen, das den Dummen keine Zeit lässt, selbst herauszufinden, was sie wirklich brauchen.

2. Das Fehlen von Impulsen, sich zuerst gründlich mit sich selbst zu beschäftigen, statt sein Leben danach zu orientieren, was einem angeboten wird. Oder wie es die Egoisten nennen: »Der wahre Fortschritt unserer Zeit ist die Rückkehr zu Dir selbst.«

Diese Rückkehr bedeutet: Ich lasse alles los, was mich daran hindert, der zu sein, der ich wirklich bin. Und ich lasse alles zu, was mich unabhängig und glücklich macht.

Zu sich selbst zurückzukehren, erfordert eine Technik des Aussteigens aus dem Getriebenwerden durch äußere Impulse. Die für eine Partnerschaft alles entscheidende Erfordernis dafür heißt: Wir nehmen uns an jedem Tag eine halbe Stunde Zeit für uns.
- An jedem Tag, nicht irgendwann einmal.
- Es gibt keine Entschuldigung, diesen Termin nicht einzuhalten.
- Es ist die Zeit, in der wir die Probleme in einer halben Stunde lösen, damit sie uns nicht tagelang belasten und Konflikte heraufbeschwören.

Alles das mag für Sie nach Übertreibung klingen, aber im Grunde genommen ahnen Sie es längst: Unendlich viele Beziehungen scheitern an nichts anderem als an der Flucht voreinander. An der Sprachlosigkeit. An der verhängnisvollen Ausrede: »Ich habe jetzt keine Zeit. Reden wir morgen darüber. Oder übermorgen.«

Werden Sie sich ein für alle Male klar: Immer ist *jetzt* die richtige Zeit, einander das zu sagen, was Sie einander *jetzt* zu sagen haben. Wenn Sie nicht *jetzt* aufeinander zuge-hen, um miteinander offen zu reden, wird die Verdrän-gung von heute schon morgen zur Aggression. Und Sie werden bis zur Unversöhnlichkeit aufeinander losgehen.

Sie wissen das. Wir alle wissen es und haben es Dutzende Male erlebt. Warum also lernen wir nicht endlich daraus?

2

Nennen Sie es »Die Zeit für uns« und lassen Sie keine Ausrede zu, davon nicht täglich Gebrauch zu machen

Lassen Sie es uns noch einmal eindringlich wiederholen: Jede glückliche Partnerschaft bedarf klarer Ziele, klarer Entscheidungen, gemeinsamer Maßstäbe und eines Rituals der Verwirklichung. Denn Ihre schönsten Wünsche und Beschlüsse nützen nichts, wenn sie an der Umsetzung scheitern.

Alles, was Sie an sich verändern wollen, müssen Sie so lange durch die gewünschte Alternative ersetzen, bis diese in Ihrem Bewusstsein stärker verankert ist als das, was Sie ersetzen möchten.

Oder, wie es noch deutlicher in der »Egoisten-Bibel« beschrieben ist: »Du bist so, wie Du denkst. Und Du wirst so, wie Du immer wieder denkst.«

Das ist die Grundlage jeder Art von Selbstbeeinflussung: Wiederhole einen Wunsch immer wieder, bis Du nicht mehr an seiner Erfüllung zweifelst und er sich schließlich als Handlung manifestiert.

Oder denken Sie, es sei Zufall, dass die Werbung eine Botschaft im Fernsehen immer wieder trommelt? So lange, bis der Zuschauer damit immer vertrauter wird und das Angebot schließlich im Geschäft kauft, weil es ihm durch die ständige Wiederholung eingeredet wurde.

Wenn Sie für Ihre Partnerschaft die Gemeinsamkeit zum beiderseitigen größeren Glück vereinbart haben: Warum nützen Sie die altbewährte Methode des täglichen Rituals der Zusammengehörigkeit nicht für sich?

Sie haben ein gemeinsames Ziel. Sie haben sich dazu entschlossen und bekennen sich dazu. Sie haben den Plan für Ihr Zusammenleben festgelegt. Das Ziel heißt: »Wir wollen gemeinsam an jedem Tag aus eigener Kraft glücklicher sein, als jeder es allein sein könnte.« Sie leben zusammen. Sie essen gemeinsam. Sie schlafen gemeinsam. Was also soll Sie daran hindern, sich an jedem Tag die halbe Stunde Zeit zu nehmen, um die Botschaft des gemeinsamen Glücklichseins immer tiefer in Ihr Denken zu verankern?

So lange, bis sie stärker in Ihrem Denken verankert ist als alle Ängste und Zweifel?

Geben Sie dieser halben Stunde des täglichen Zusammengehörigkeits-Rituals einen konkreten Namen. Nennen Sie sie »Die Zeit für uns«.

Vereinbaren Sie schon am Morgen als den ersten und wichtigsten Termin des Tages: »Wann nehmen wir uns heute die Zeit für uns?« Damit Sie sich nicht eines Tages in die Verzweiflungs-Formel so vieler gescheiterter Partnerschaften flüchten müssen: »Unsere Beziehung ist gescheitert, weil wir uns zu wenig Zeit füreinander genommen haben.«

In dem »Partner-Training« vorangegangenen Programm »Egoisten-Training« wird als Ritual der Selbstfindung die tägliche »Zeit für mich« empfohlen. Vielleicht interessiert es Sie, wie diese Anregung dort begründet wird:

»Keine Zeit für sich zu haben, heißt in Wahrheit: Sie nehmen sich diese Zeit nicht. Und warum nicht? Wer sollte Ihnen denn etwas geben, dem Sie sich selbst verweigern?

Keine Zeit für sich zu haben, ist sehr oft nur eine Ausrede dafür, sie sich gar nicht nehmen zu wollen. Sie wollen vielleicht gar nicht wissen, was Ihnen bewusst werden könnte, wenn Sie sich an jedem Tag auch nur eine Viertelstunde lang in eine stille Ecke setzen, um in sich hineinzuhorchen.

Sie haben vielleicht Angst vor dem, was Sie gestern und vorgestern oder seit Jahren so erfolgreich verdrängt haben. Sie haben es verdrängt, beiseite geschoben. Irgendwohin in Ihr Unterbewusstsein.

Stellen Sie sich dieses Unterbewusstsein als Warenlager vor. Wie viele verdrängte, ungelöste Probleme, unerfüllte Wünsche, aufgeschobene Ideen und unbefriedigte Bedürfnisse haben Sie in all diesen Jahren dort schon abgelegt?

Nichts, was Sie verdrängen, weil Sie sich nicht die Zeit für eine Lösung genommen haben, ist erledigt. Es bleibt ungelöst in Ihrem Denken und Fühlen, und es bedrängt Sie. Es ist Teil Ihres täglichen Handelns, ohne dass Sie es wahrhaben. Es kostet Sie viel mehr Zeit, es vor anderen zu verbergen, als es gekostet hätte, sich damit rechtzeitig auseinander zu setzen und das Problem an seinen Wurzeln zu lösen. Noch ehe es zu einem Konflikt geworden ist.«

Lassen Sie uns diesen Satz noch einmal wiederholen: »Es kostet Sie viel mehr Zeit, es vor anderen zu verbergen, als es gekostet hätte, sich damit rechtzeitig auseinander zu setzen und das Problem an der Wurzel zu lösen, noch ehe es zu einem Konflikt geworden ist.«

Auch wenn diese Hinweise dem »Egoisten-Training« entnommen sind – gelten sie nicht noch viel eindringlicher für die tägliche »Zeit für uns« in der Partnerschaft?

In keinem anderen Lebensbereich – auch nicht im Beruf – leben Menschen so eng, intim und mit dem Vorsatz »ein Leben lang« zusammen. Meinen Sie nicht, dass dieser Vorsatz wert ist, ihn durch ein Ritual der Zusammengehörigkeit zu untermauern, das täglich nicht mehr als eine halbe Stunde beansprucht?

Vor allem, wenn Sie bedenken, wie viele halbe Stunden von den meisten Menschen an jedem Tag dafür verwendet werden, aneinander vorbeizureden oder sich aus dem Weg zu gehen.

3
Wie Sie »Die Zeit für uns« zum Training der gemeinsamen Problemlösung machen können

Rituale – von denen hier so oft die Rede ist – sind im Grunde genommen nichts anderes als das praktische Einüben von Verhaltensweisen, bis sie zur selbstverständlichen Gewohnheit werden.

Alles erfolgreiche Lernen ist Einüben. Einüben bedeutet Wiederholen, und Wiederholen bedeutet Ausdauer und Geduld mit sich selbst. Geduld mit sich selbst zu haben, unterscheidet die Elite der Gescheiten von der Masse der Dummen.

Dumme brauchen die ständige Bedrohung der Schlauen, um in ihrem Bemühen nicht nachzulassen. Gescheite brauchen keine Drohung durch Fremde, sie sind ihre eigenen Trainer und motivieren sich selbst.

Als Ihr eigener, selbstverantwortlicher Trainer haben Sie sich von der Notwendigkeit fremder Bedrohung losgesagt. Die Partnerschaft ist die Chance, sich gegenseitig zur Befolgung des Trainings-Rituals ohne Angst zu ermuntern – um gemeinsam daraus Nutzen zu ziehen.

Der Erfolg von Trainings-Ritualen hängt in hohem Maße von der Befolgung geeigneter Techniken ab. Als Technik der »Zeit für mich« hat sich unter Gescheiten eine Methode bewahrt, die Sie auf folgende Weise für die »Zeit für uns« mit dem Partner praktizieren können:

Erster Schritt.
Legen Sie mit dem Partner eine bestimmte Zeit des Tages fest, zu der Sie gemeinsam eine halbe Stunde in Ruhe verbringen können.

Zweiter Schritt:
Setzen Sie sich an einen stillen Platz, jeder mit Papier und Schreibgerät vor sich. Reden Sie nicht sofort, sondern entspannen Sie sich zuerst. Versuchen Sie – jeder für sich auf seine Weise – in sich zu gehen. Fragen Sie sich: »Wie geht es mir heute. Bin ich glücklich. Warum bin ich es. Oder warum bin ich es nicht. Was beschäftigt mich. Fühle ich mich wohl mit dem Partner, oder bewegt mich etwas, das ich ihm sagen sollte. Was ist es konkret?«

Wenn Ihnen zu solchen Fragen etwas einfällt: Schreiben Sie es auf, um sicherzugehen, dass Sie es nicht vergessen. Auch um Ihr weiteres Denken für neue Impulse freizumachen.

Dritter Schritt:
Wenn Ihnen nichts mehr einfällt, können Sie jetzt Ihre Entspannung vertiefen, indem Sie bewusst ein paar ruhige Atemzüge machen. Atmen Sie ruhig ein, verfolgen Sie den Atem bis in die Gegend des Nabels, ehe Sie wieder langsam und ruhig ausatmen.

Auf diese Weise lernen Sie in der »Zeit für uns« sozusagen

als Zusatznutzen noch eine wichtige Fähigkeit: Die Grundlage des Loslassens und Zulassens. Sie üben, sich zu entspannen.

Ist es Ihnen noch nie aufgefallen: Das tiefe Ausatmen ist eine Reaktion auf Erleichterung. Wir atmen kräftig aus, um eine Anspannung loszulassen. Nicht selten denken wir dabei: »Gott sei Dank, dass es vorbei ist.« Wir sind eine Angst los. Die Gefahr ist vorbei. »Ich habe es geschafft.« Das Ausatmen als instinktiver Körperimpuls des Loslassens. Nützen Sie diesen Impuls bewusst als Instrument des Entspannens. Sie können es immer und überall einsetzen.

Beim Einatmen nehmen Sie Stoffe auf, die Ihr Körper braucht. Aber wer könnte Sie daran hindern, dabei zu denken: »Zusätzlich lasse ich zu, dass Energie und Kraft mit dem Atem in mich einfließt.«

Wohlgemerkt: Es ist Ihre Sache, ob Sie sich auf solche Möglichkeiten einlassen wollen oder nicht. Tatsache ist, dass viele Gescheite längst davon Gebrauch machen.

Vermutlich ist Ihnen noch nie wirklich bewusst geworden, welche Bedeutung die Atmung für unser Allgemeinbefinden hat. Wenn Sie das bewusste ruhige Atmen einige Zeit lang üben, wird sich damit nicht nur Ihr Körper entspannen. Nach einiger Zeit kehrt auch in Ihrem Geist mehr Ruhe ein.

Durch den ruhigen Rhythmus Ihres Atmens finden Sie allmählich zu Ihrem eigenen Lebensrhythmus. Einatmen und Ausatmen, Tag und Nacht, Ebbe und Flut, Sonne und Regen – das sind schließlich die Rhythmen der Natur.

In der »Egoisten-Bibel« heißt es darüber unter anderem: »Wenn Du auf Deine Atmung achtest, spürst Du den Rhythmus Deines Lebens. Das ist die Kunst, im Rhythmus des Lebens zu leben.«

Vierter Schritt:
Wenn Sie mit Ihrem Partner eine Zeit vereinbart haben, wie lange Sie diese Anfangsphase der »Zeit für uns« ausdehnen wollen, sollten Sie sich jetzt mit einem kräftigen Ausatmen aus dieser Beschäftigung mit sich und Ihren eigenen Gedanken zurückholen.

Fünfter Schritt:
Die vier bisherigen Schritte des Loslassens, In-sich-Hineinhörens und Entspannens sollten vor allem dazu führen, dass jeder zuerst mit sich selbst ins Reine kommt, um sich jetzt entspannt auf ein ausführliches Gespräch mit dem Partner einlassen zu können.

Sie mögen über diese einfache Methode der Gesprächsvorbereitung durch bewusste Entspannung denken, wie Sie wollen: Sicher ist, dass sie eine bessere Basis für gegenseitiges Verständnis schafft, als wenn Sie abrupt und vielleicht emotionsgeladen aufeinander losgehen. Ein Verhalten, das – wie wir alle wissen – in den meisten Fällen mit gegenseitigen Beschuldigungen endet, statt mit der Bereitschaft, einander zuzuhören. Eine Fähigkeit, die viele von uns verlernt haben.

Damit Sie diesen Vorschlag richtig verstehen: Nehmen Sie ihn als unverbindliche Anregung, das Ritual der täglichen Gemeinsamkeit immer mehr zu vertiefen. Sie und Ihr Partner sind Ihre eigenen Trainer. Es liegt an Ihnen, eine Ihnen entsprechende Form des regelmäßigen Auf-einander-Zugehens zu finden, um das Aufeinander-Los-gehen zu ersetzen, das schon so vielen Beziehungen zum Verhängnis geworden ist, die so vielversprechend begonnen haben.

4
Einigen Sie sich auf ein Signal, um den entscheidenden kritischen Punkt zu überbrücken

Das Glück in der Partnerschaft – so seltsam es auch klingen mag – hängt von Augenblicken ab. Es sind immer Augenblicke, in denen es sich entscheidet:
Gehen wir aufeinander los oder gehen wir aufeinander zu, um Spannungen zu entschärfen.

Wie verhalten Sie sich in solchen Augenblicken der Spannung oder Aggression dem Partner gegenüber?
• Folgen Sie dem Selbstschutz-Instinkt, indem Sie vom eigentlichen Problem ablenken, den Partner beschuldigen oder sich in den Schmollwinkel verkriechen?
• Oder besitzen Sie ein mit dem Partner vereinbartes Ritual der zielführenden Auseinandersetzung?

Die Entscheidung darüber fällt – um es noch einmal zu unterstreichen – in dem Augenblick, in dem Sie dem Partner gegenüberstehen und den ersten Satz aussprechen.
• Sagen Sie: »Du bist schuld, dass ...«?
• Oder sagen Sie: »Ich bin wütend auf Dich. Setzen wir uns hin und entspannen wir uns erst einmal, ehe wir darüber reden«?

Zwei einfache Sätze, und doch entscheiden sie sehr oft darüber, ob es zu gegenseitigen Angriffen und Gegenangriffen kommt. Oder zu einer gemeinsamen Lösung.

Wie sind Sie darauf vorbereitet?

Es besteht kein Zweifel: Die größte Chance für das Miteinander ist die täglich praktizierte ritualisierte »Zeit für uns«. Sie gibt jedem Partner die Sicherheit der Auseinandersetzung unter optimalen Bedingungen.

Dieses Ritual der Gemeinsamkeit ist die Basis des Miteinander. Es ist das Forum, Spannungen, Emotionen, Misstrauen und Ängste loszulassen, statt sie zu verdrängen. Ist es nicht unbegreiflich, warum so viele Partner an alles andere zuerst denken als an eine so einfache Form der gemeinsamen Problemlösung?

Zugegeben: Wenn eine Million Partner davon täglich Gebrauch machten, müssten viele Schlaue um ihr Einkommen bangen. Manche Therapeuten würden arbeitslos. Weniger Beruhigungsmittel – Alkohol eingeschlossen – würden geschluckt. Mit anderen Worten: Die Flucht-Industrie käme in Schwierigkeiten, wenn die Betroffenen ihre Probleme gemeinsam lösten, statt sich auf fremde Hilfe zu verlassen oder darauf, dass sich das Glück von selbst einstellt.

Flüchten oder lösen. Verdrängen oder innehalten. Sie können es nennen, wie Sie wollen: Das Glück Ihrer Partnerschaft hängt davon ab, wie Sie auf die Augenblicke vorbereitet sind, in denen die Entscheidung darüber fällt.

Erinnern Sie sich an den Hinweis: »Du bist so, wie Du denkst, und wirst so, wie Du immer wieder denkst?« Er bedeutet, dass Sie anerzogene Gewohnheiten des spontanen Verhaltens in Entscheidungs Situationen durch bewusste Denk-Alternativen ersetzen und trainieren können.

Aber das ist noch nicht alles. Es genügt nicht, dass Sie mit dem Partner die tägliche »Zeit für uns« vereinbart haben. Wenn Sie sich mit dem Hinweis beruhigen: »Wir haben heute ein Problem. Morgen müssen wir darüber reden. Heute bleibt uns keine Zeit mehr. Es gibt Wichtigeres zu tun«, nützen die besten Vorsätze nichts.

Wenn das Ihre Entscheidung ist, trainieren Sie die falsche Formel. Die bessere Alternative zu dieser Ausrede kann nur lauten: »Es gibt nichts Wichtigeres, als das Problem von heute auch heute zu lösen.« Denn mit Sicherheit wird das Morgen Sie mit neuen Problemen konfrontieren.

Deshalb sollten Sie mit dem Partner ein Signal vereinbaren, um den kritischen Punkt des Zögerns, Zweifelns und Flüchtens zu überwinden.

Hier sind einige Erfahrungen aus dem Trainings-Programm Gescheiter:
- Erinnerungs-Zettel an der Wand mit der Botschaft: »Zeit für uns. Es gibt keine Entschuldigung.«
- Ein Alarmsignal aus der Uhr oder dem Handy, um an den vereinbarten Termin für die »Zeit für uns« erinnert zu werden.

- Der tägliche Eintrag im Kalender, um der Versuchung zu widerstehen, »wichtigere« Termine zu vereinbaren.

5
Brechen Sie aus dem Gewohnten aus, um ohne Schuldgefühle den Spaß am Leben zu genießen

Die tägliche Übung der »Zeit für uns« als ritualisierte Basis für Gemeinsamkeit ist ein Vorschlag, den Sie nicht unterschätzen sollten. Es ist verständlich, dass Sie ihm mit gewissen Zweifeln begegnen.

Vielleicht zweifeln Sie daran, dass eine so einfache, nur von Ihnen selbst abhängige tägliche Übung über das Glück Ihres Zusammenlebens entscheiden könnte. »Wenn das alles so simpel wäre«, denken Sie vielleicht, »warum habe ich dann noch nie davon gehört?«

Diese Frage ist leicht beantwortet: Es liegt an Ihnen, ob Sie nur das tun, was Sie immer schon getan haben oder was andere auch tun. Oder ob Sie selbst herausfinden, was für Sie und Ihre eigenen Vorstellungen einer glücklichen Partnerschaft richtig ist.

»Das Partner-Training« ist eine Anregung zur Selbsterfahrung. Wozu immer Sie sich entschieden haben, wird sich nur erfüllen, wenn Sie sich auf den Weg dorthin begeben. Ohne Angst und Ungeduld.

Es geht nicht darum, wann Sie das Ziel erreichen. Sie haben den Rest Ihres Lebens Zeit, Schritt für Schritt darauf loszumarschieren. Es geht vor allem darum, dass Sie Ihr Leben an jedem einzelnen Tag erleben. Und an jedem Tag möglichst viel Spaß daran haben.

»Spaß?«, fragen Sie vielleicht jetzt. Wenn Sie doch täglich aus dem Fernsehen erfahren, wie und wo gerade gekämpft und getötet wird und was Menschen sich gegenseitig antun. Oder welche Katastrophe sich wieder irgendwo in der Welt ereignet hat.

Wenn Sie sich mit Ihrem Partner dazu entschieden haben, dass Sie nicht leben wollen, um zu leiden, sondern um möglichst an jedem Tag gemeinsam glücklich zu sein, dann sollten Sie bei dieser Entscheidung keine Kompromisse machen. Sie können nicht selbst glücklich sein und dabei gleichzeitig am Unglück der Welt teilhaben.

Sie sollten sich für eine dieser beiden Möglichkeiten entscheiden. Auch wenn dieses Egoismus-Bekenntnis nicht Ihrer Erziehung zum guten Menschen entspricht. Die Alternativen lauten:
- Leiden oder Spaß am eigenen Leben zu haben.
- Alleinige Verantwortung für sich selbst oder Aufopfern für andere.
- Sich dafür schuldig fühlen, dass es Ihnen im Vergleich zu anderen unverschämt gut geht. Oder abends schlafen zu gehen und sich zu sagen: »Wunderbar, ich habe wieder einmal für mich das Beste aus diesem Tag gemacht.«
- Anderen gefällig sein, auch wenn es Sie unglücklich

macht. Oder das zu tun, was Sie glücklich macht – auch wenn es anderen nicht gefallen sollte.

Zuerst ich, dann die anderen. Zuerst allein, dann gemeinsam. Der wahre Fortschritt unserer Zeit ist die Rückkehr zu mir selbst. Das sind nicht nur ein paar Tipps, mit denen Sie das eine oder andere Problem vermeiden könnten. Es ist eine endgültige Entscheidung für das, was Sie unverblümt als Ihr Egoismus Bekenntnis vertreten sollten.

»Ich bekenne mich zu mir selbst und lebe mein Leben. Das ist die Entscheidung für die Partnerschaft mit mir selbst, als Voraussetzung für die Partnerschaft mit anderen.« So lautet das Motto des Partner-Trainings. Es mag übertrieben klingen, aber jeder Kompromiss bei diesem Bekenntnis schafft alle die Konflikte, an denen Beziehungen scheitern.

Die »Zeit für uns« ist die Plattform, um aus der Heuchelei voreinander auszubrechen und alles auszusprechen, was Sie und den Partner belastet. Wenn Sie möchten, können Sie es als die vernünftigste Form der Therapie verstehen, die es geben kann: Ein Problem, das Sie mit Ihrem Partner haben, nicht mit fremden Leuten zu teilen, sondern mit dem Menschen, der genauso wie Sie davon betroffen ist.

Klingt das nicht vernünftig? Warum also sollten Sie daran zweifeln, dass diese halbe Stunde der Gemeinsamkeit an jedem Tag für das gemeinsame Glück wichtiger ist als jeder andere Termin an diesem Tag?

Wenn Sie sich zu diesem Ritual entschließen können, werden Sie mit Sicherheit erstaunliche Erfahrungen machen, von denen Sie vermutlich bisher nicht einmal zu träumen wagten.

Machen wir uns nichts vor: Unsere Erziehung hat uns zu verkrampften, ängstlichen Selbstverleugnern gemacht. Immer darauf bedacht, nur das zu sagen und zu tun, was von uns erwartet wird. Erfüllt von Schuldgefühlen. Jederzeit bereit, unsere wirklichen Wünsche und Bedürfnisse zu verdrängen, um uns vor anderen keine Blöße zu geben.

Können Sie sich vorstellen, was es für zwei Partner bedeuten kann, alle diese Belastungen wenigstens einmal am Tag abzuwerfen, loszulassen, alles auszusprechen und sich davon zu befreien?

Es kann kein Zufall sein, dass Gescheite sagen: »Ohne Freiheit kannst Du niemals glücklich sein.« Die Botschaft, die unsere Erzieher uns vermitteln, heißt: »Wenn Du Dich nicht den Regeln der Gesellschaft unterwirfst, schließt Du Dich aus der Gemeinschaft aus.«

Das mag schon richtig sein. Allerdings nur, wenn es uns genügt, von dieser Gemeinschaft und ihren Regeln abhängig zu sein, weil wir keine bessere Alternative besitzen. Die Partnerschaft mit einem anderen Menschen, mit dem wir uns auf die eigenen, individuellen Regeln einigen können, ist die Grundlage eines ganz anderen Lebens.

Die große Masse der Dummen, die sich von den Gesetzen der Schlauen abhängig macht, verzichtet auf die persönliche Freiheit als einmaliges Individuum. Wer den eigenen Regeln der Partnerschaft folgt, bestimmt selbst, worauf er verzichten will, um mit einem anderen Menschen gemeinsam mehr zu erreichen, als er allein erreichen könnte.

6
Fassen wir zusammen,
ehe Sie weiterlesen

»Die Zeit für uns« ist das Kernstück des Partner-Trainings. Alles, wovon vorher die Rede war, ist Vorbereitung. Alles, was Sie auf den folgenden Seiten noch erfahren werden, ist Ergänzung.

Unser ganzes Leben ist eine Wanderung zwischen unseren Wünschen, Illusionen und Bedürfnissen und der Fähigkeit, möglichst viel davon zu verwirklichen. Sie mögen tausend Sehnsüchte haben, Ihr Glück oder Unglück hängt von den Augenblicken ab, in denen Sie sich entscheiden, es zu tun oder es zu verdrängen.

Und das Glück Ihrer Partnerschaft hängt davon ab, ob Sie es schaffen, an jedem einzelnen Tag aufeinander zuzugehen, um eine halbe Stunde lang alle anstehenden Probleme zu klären. Oder ob Sie so lange keine Zeit dafür haben, bis Ihre Probleme keiner Aussprache mehr bedürfen, weil sie unlösbar geworden sind.

Sechste Übung

Trainieren Sie das glückliche Zusammenleben an jedem Tag. Und lassen Sie keine Entschuldigung dafür gelten, es nicht zu tun

1. *Trainieren Sie in kleinen beharrlichen Schritten, damit Sie nicht an zu hohen Erwartungen scheitern*
2. *Das Training der Gemeinsamkeit bedeutet: Lassen Sie das Alte los, damit Sie Neues zulassen können*
3. *Gehen Sie keinem Streit aus dem Weg, wenn er dazu dient, Aggressionen abzubauen*
4. *Drei einfache Möglichkeiten, das Miteinander beharrlich einzuüben*
5. *Warum Sie nicht warten sollten, bis jemand anderer Sie zum Glücklichsein zwingt*
6. *Fassen wir zusammen, ehe Sie weiterlesen*

1

Trainieren Sie in kleinen beharrlichen Schritten, damit Sie nicht an zu hohen Erwartungen scheitern

Es mag ungewohnt für Sie sein, wenn hier vom Trainieren des Glücklichseins die Rede ist. Training – das erinnert stark an Fußball, Tennis oder an schwitzende Körper in den Folterkammern der Fitness-Gurus. Aber haben Sie nicht auch schon gehört, wie ein Held des Profisports nach einer Niederlage vor den Fernsehkameras sinnierte: »Dieses Spiel habe ich im Kopf verloren.«

Gescheite haben längst erkannt, dass es im Leben nicht anders ist als im Sport: Jeder Sieg beginnt im Kopf, und er beginnt damit, dass man zuerst sich selbst besiegt.

Mit anderen Worten: Erst wenn Sie die Hindernisse des Glücks bei sich selbst überwunden haben, kann niemand mehr Sie daran hindern, Ihr Leben nach eigenen Vorstellungen zu führen. Oder, wie Gescheite sagen: »Wenn Du im Kopf frei bist, kann man Dich in Fesseln legen, und Du wirst trotzdem frei sein.«

Natürlich ist das schon eine höhere Stufe in der Philosophie des Lebens, aber ist es nicht trotzdem erstaunlich, dass alle von Gesundheit und Fitness des Körpers reden, aber kaum einer davon, wie man sein Glück »im Kopf« trainiert?

Nun, »Die Egoisten-Bibel«, »Das Egoisten-Training« und das vorliegende Partner-Programm handeln von nichts anderem. Es ist ein Vorschlag des Trainings nach diesem Übungs-Schema:

- Bewusstmachen Ihrer Wünsche, Bedürfnisse und Möglichkeiten.
- Das eigene Entscheiden, um sich aus der Unterordnung zu befreien.
- Ein eigener Plan für den Rest des Lebens.
- Das rechtzeitige Erkennen der Hindernisse, die der Erfüllung des Plans im Wege stehen.
- Das tägliche Training der eigenen Ziele, statt sich dem Training zu unterwerfen, dem uns andere von Kindesbeinen an unterziehen.
- Und schließlich die Selbstkontrolle unseres Handelns, von der in der nächsten Übung noch ausführlich die Rede ist.

Trainieren des Glücklichseins im Kopf bedeutet, Hindernisse so lange durch bessere Alternativen zu ersetzen, bis das gesteckte Ziel erreicht ist.

Wenn Sie unglücklich sind, sollten Sie die Unglücks-Formeln in Ihrem Kopf durch Glücks-Formeln ersetzen. Denn das Unglück beginnt in dem einen Augenblick, in dem Sie morgens nach dem Aufwachen als Erstes denken: »Hoffentlich geht heute nicht wieder alles schief.« Statt: »Gleichgültig, was heute alles passiert, ich werde es schaffen.«

Das Ersetzen einer negativen Denk-Formel durch eine positive ist allerdings nur der erste notwendige Schritt der

Veränderung. Dem endgültigen Erfolg stellen sich zwei mächtige Gegner in den Weg: Ungeduld und Zweifel.

Die tatsächliche Veränderung vollzieht sich nämlich nicht in Ihrem Denken, sondern in Ihrem Unterbewusstsein. Es ist die Schaltzentrale, in der Ihre Wünsche in Handlungen umgesetzt werden.

In der »Egoisten-Bibel« heißt es: »Du bist so, wie Du denkst. Und Du wirst so, wie Du immer wieder denkst.« Diese zwei Sätze sind das Geheimnis des Trainierens im Kopf.

Um es noch einmal zu unterstreichen: Es ist wichtig, dass Sie Denk-Formeln der Ungeduld und des Zweifels durch positive Formeln ersetzen. Aber noch viel wichtiger ist es, dass Sie die positiven Formeln beharrlich wiederholen, bis sie in Ihrem Unterbewusstsein stärker verankert sind als die bisherigen negativen Formeln.

Was die Wirkung dieser Trainings-Strategie der kleinen, ständig wiederholten Denk-Schritte verhindern kann, ist die Ungeduld. Sie kennen ja diese Sätze wie: »Jetzt habe ich mir die positive Formel schon hundertmal suggeriert, aber sie wirkt noch immer nicht.«

Sie machen heute einen kleinen Schritt im Denken, aber erwarten schon morgen einen endgültigen Erfolg im Handeln. Wenn Sie jahrelang täglich »trainiert« haben, Ihrer Nervosität mit 20 oder 40 Zigaretten beizukommen, genügt es nicht, wenn Sie ein paar Tage lang die Formel

»Von heute an ist damit Schluss« in Ihr Unterbewusstsein versenken.

Eine alte Gewohnheit durch die gewünschte bessere Alternative zu ersetzen, erfordert Beharrlichkeit. Das gilt für die Partnerschaft genauso wie für den Hundert-Meter-Lauf. Finden Sie nicht auch?

Hier ist die Antwort darauf: Üben Sie in kleinen beharrlichen Schritten, was Sie erreichen wollen, ohne Ungeduld, aber mit dem Glauben daran, dass Ihr Unterbewusstsein alles Weitere für Sie besorgt, wenn die richtige Zeit gekommen ist.

»Die richtige Zeit«, werden Sie zweifelnd fragen, »wann wird das sein?« Es ist nicht anders, als wenn Sie sich zum Ziel gesteckt haben, den Hundert Meter-Lauf in 11,6 Sekunden zu absolvieren. Wissen Sie da von vornherein, wann es so weit sein wird?

2
Das Training der Gemeinsamkeit bedeutet: Lassen Sie das Alte los, damit Sie Neues zulassen können

Nach dem kurzen Ausflug in den Zusammenhang zwischen bewussten Denkformeln und der Wirkungsweise Ihres Unterbewusstseins im vorangegangenen Abschnitt jetzt wieder zurück zum Training der Gemeinsamkeit: Gehen Sie auch bei der Annäherung an den Partner ohne Ungeduld in kleinen beharrlichen Schritten vor.

Um Gemeinsamkeit herstellen zu können, ist es notwendig, Schritt für Schritt alle bisherigen Verhaltensweisen des Gegeneinander abzubauen.

Gemeinsamkeit bedeutet zuallererst: offener Dialog. Und offener Dialog bedeutet nicht, dass Sie vom Partner Antworten auf Fragen erwarten, die Sie sich nicht vorher selbst gestellt haben.

Ehe Sie aus Angst vor Enttäuschung den Partner fragen: »Liebst Du mich?« oder vielleicht auch: »Warum liebst Du mich nicht mehr?«, sollten Sie sich gefragt haben: »Liebe ich mich eigentlich selbst genug?«

Mit den Zweifeln an uns geht die Dialogfähigkeit mit dem Partner verloren. Wer sich selbst keine Fragen stellt, um

eigene Antworten zu finden, fällt zurück in alte Gewohnheiten der hierarchischen Erziehung: Die Schlauen wissen auf alles eine Antwort, um den Dummen das selbst-
ständige Denken abzunehmen.

Das Spielfeld im Partner-Training der Gemeinsamkeit be-
ginnt mit der täglichen »Zeit für uns«. Üben Sie in dieser
halben Stunde die Regeln des konstruktiven Dialogs. Die
Formel lautet:
• Ich weiß, was ich will.
• Du weißt, was Du willst.
• Jeder spricht es aus. Jeder hört dem anderen zu, bis al-
  les Notwendige gesagt ist.
• Dann finden wir die beste gemeinsame Lösung.

Nicht selten scheitern im Zusammenleben die Versuche,
miteinander ins Gespräch zu kommen, an destruktiven
Einstiegs-Sätzen. Wir alle kennen sie längst:
• Du bist schuld daran, dass …
• Du hast schon wieder …
• Hör endlich auf damit, …
• Wenn Du nicht …, dann …
• Nie wieder werde ich …
• Oder: Reden wir morgen darüber, heute habe ich ein-
  fach keinen Bock, mir Deine Vorwürfe länger anzuhö-
  ren.

Alles Formeln, die hervorragend dazu geeignet sind, der
gemeinsamen Lösung eines Problems aus dem Weg zu gehen. Der gemeinsamen Lösung? Noch viel schlimmer: Sie
trainieren damit schon im Vorfeld eines Dialogs, wie Sie

sich am besten vor ihm drücken können. Als Ihr eigener Trainer können Sie niemanden anderen dafür verantwortlich machen als sich selbst.

Drei einfache Regeln können Ihnen dabei helfen, solche Fehler zu vermeiden:

1. Beginnen Sie unbedingt jede »Zeit für uns« damit, dass Sie sich entspannen, um sich Ihre eigenen Gedanken und Emotionen bewusst zu machen. Beantworten Sie sich selbst die Frage: »Was will ich konkret?«

2. Eröffnen Sie das darauf folgende Gespräch mit dem Partner nicht mit einer Drohung oder einem Vorwurf, sondern damit, dass Sie Ihren eigenen Standpunkt darlegen, ehe Sie den Partner nach seinem Standpunkt fragen.

3. Hören Sie dem Partner zu, ohne ihn zu unterbrechen. Aber beharren Sie ebenso darauf, dass er Sie ausreden lässt.

Natürlich muten solche simplen Regeln wie abgedroschene Allgemeinplätze an. Jeder hält sie für notwendig. Aber warum halten sich so wenige daran? Wahrscheinlich aus Bequemlichkeit, vom anderen alles zu erwarten, ohne sich selbst auf etwas einzulassen.

»Entspanne Dich doch.« Wie oft haben Sie diese Aufforderung schon gehört oder gedacht, um wenigstens für ein paar Minuten einem unerträglich gewordenen Stress zu entgehen. Oder um eine Angst abzuschütteln angesichts einer ungewissen Konfrontation, von der Sie befürchten, dass Sie damit nicht fertig werden könnten.

Alltägliche Situationen, die wir alle kennen. Aber kennen Sie auch die einfachste, natürlichste Technik, sich zu entspannen? Die schnelle Zigarette? Eine Tasse Kaffee? Eine Beruhigungstablette? Natürlich sind das auch brauchbare Möglichkeiten zur kurzen Entspannung. Aber die einfachste Möglichkeit ohne jede fremde Hilfe sind ein paar ruhige, entspannende Atemzüge.

Das bewusste Atmen als wirkungsvollste Technik, mit sich selbst in Harmonie zu kommen. Die »Egoisten-Bibel« rät: »Beim Ausatmen lässt Du die Spannung und alle Ängste los. Beim Einatmen nimmst Du die Energie auf, die Du brauchst, um alle Deine Probleme zu bewältigen.«

Altes loslassen, um Neuem Platz zu machen. Die Angst »ausatmen«, um beim Einatmen neue Energie aufzunehmen. Fünf ruhige Atemzüge: zügig einatmen, den Atem im Geist bis in die Gegend des Nabels verfolgen, und dann langsam und ohne sich zu zwingen wieder ausatmen. Fünfmal, sechsmal vielleicht.

Ob Sie es glauben oder nicht: Das ist die einfachste, natürlichste Methode der Entspannung. Sie können überall und jederzeit davon Gebrauch machen. Ohne jedes Hilfsmittel. Es beruhigt Sie, wenn Sie traurig oder zornig sind. Es ist der ideale Einstieg in die »Zeit für uns« mit dem Partner.

Üben Sie es doch einige Male in den nächsten Tagen. Einfach nur, um zu beobachten, wie es auf Sie wirkt. Und auf den Partner.

3

Gehen Sie keinem Streit
aus dem Weg, wenn er dazu dient,
Aggressionen abzubauen

Auch wenn es für Sie nach bewusster Provokation klingen mag, hier die Aufforderung: Werden Sie nicht müde, in Ihrer Partnerschaft die Streitkultur zu trainieren.

Eine Beziehung, in der nie gestritten wird, heißt es allgemein, sei eine gute Beziehung. Mag sein. Aber es könnte ebenso gut sein, dass die Betroffenen nur lange genug trainiert haben, ihre wahren Gefühle voreinander zu verbergen.

Was meinen Sie: Ist es besser, den Mund zu halten als anzuecken? Eine starke Emotion zu unterdrücken, statt sie loszulassen? Darf man jemanden beleidigen, wenn man wütend auf ihn ist? Nur deshalb, weil man gelernt hat, dass die Rücksicht auf andere wichtiger ist, als die Rücksicht auf sich selbst?

Was unsere Gefühle betrifft, verhält es sich ähnlich wie mit der Überschätzung des Äußeren im Vergleich zur Persönlichkeit: Die Verpackung soll dazu dienen, den Inhalt zu beschönigen. Alle schwärmen von der Allmacht der Liebe, um davon abzulenken, dass die Aggression in ihren vielen Variationen genauso ein Bestandteil unseres Gefühlslebens ist.

Wir unterdrücken sie, weil uns niemand beigebracht hat, richtig damit umzugehen. »Richtig« heißt: Wenn Partner lernen, die Streitkultur zu pflegen, verhindern sie die verheerenden Folgen jeder Art von Verdrängung.

Streit ist etwas anderes als das, was so erstrebenswert als »sachliche Auseinandersetzung« gefordert wird. Gepflegte Streitkultur ist zuallererst »Loslassen auf beiden Ebenen«: auf der Ebene der Emotionen genauso, wie in der sachlichen Auseinandersetzung über Meinungen, Bedürfnisse und Ideen.

Erinnern Sie sich an diesen Hinweis: »Jeder darf alles sagen. Keiner ist dem anderen böse«? Das ist es, was das Gemeinsame in der Partnerschaft vom Gegeneinander im übrigen Alltag unterscheidet.

Im Gegeneinander dürfen Sie keine Gefühle zeigen. Aber wenn Sie mit dem Partner die verdrängten Emotionen nicht loslassen, wo sonst?

Streitkultur in der Partnerschaft ist Therapie an der Basis. Auf verdrängte Aggressionen reagiert Ihr Seelenleben mit großer Wahrscheinlichkeit wie ein Dampfkessel ohne Ventil: Wenn sich Spannungen nicht rechtzeitig entladen können, explodiert er. Warum, meinen Sie, ist die Depression zu einer Volksseuche geworden, die in unserer Gesellschaft längst außer Kontrolle geraten ist?

Streitkultur als Therapie zur Befreiung von Aggressionen, noch ehe sie zur Krankheit werden. Ist das nicht eine der großartigen Möglichkeiten in einer funktionierenden Partnerschaft?

Vorausgesetzt natürlich, Sie haben sich in Ihrem Partner-Plan eindeutig dafür entschieden. Und Sie benützen die »Zeit für uns« als Trainingsfeld des bewussten Streitens. Mit dem obersten Gebot: Jeder darf alles sagen. Keiner ist dem anderen böse.

Wohlgemerkt: Zur Therapie wird diese Entscheidung erst dann, wenn Sie sich darauf geeinigt haben, dass »alles sagen« Beschimpfung, Beleidigung und auch sonst alle Ausbrüche der aufgestauten Frustration beinhalten muss. Mit der Gewissheit, dass der Partner darauf nicht mit Aggression reagiert, sondern mit Verständnis.

Wenn Sie sich darüber einig sind, dann ist eine Beleidigung keine Beleidigung mehr, sondern das bewusste, vom Partner akzeptierte Loslassen einer Aggression, mit dem therapeutischen Zweck, Verdrängung und ihre gefährlichen Folgen zu verhindern.

Vielleicht wird damit deutlich, warum in diesem Programm neben dem gemeinsamen Glück immer wieder auch von der Freiheit die Rede ist. Die Freiheit, allen seinen Gefühlen freien Lauf lassen zu können, nicht nur den erlaubten, romantischen, gekünstelten und nicht selten erlogenen.

Loslassen alter, eingelernter Vorurteile und Zulassen offener, bisher ungenutzter Formen im Zusammenleben –

klingt das nicht viel versprechend? Sich nicht gekränkt zu fühlen, wenn der Partner Sie wild beschimpft, sondern zu denken: »Ich freue mich für ihn, dass er sich endlich von seiner Frustration befreien kann.«

Sie meinen vielleicht, solche Reaktionen des Verständnisses erfordern ein hohes Maß an Gutmütigkeit. Mitnichten. Es ist purer Egoismus. Oder haben Sie noch nie diesen weisen Satz gehört: »Das Schönste am Streiten ist die Versöhnung«?

Sie können es auch anders ausdrücken: Wenn die Aggressionen abgebaut sind, ist wieder Platz für Zärtlichkeit und Verständnis. Vorausgesetzt, der Beschimpfte lässt es zu, statt in seiner Ehre gekränkt auf Rache zu sinnen.

Vielleicht hilft Ihnen zum ungezwungenen Umgang mit Aggression und Streitkultur dieser Hinweis aus der »Egoisten-Bibel«: »Jede Aggression gegen einen anderen ist nichts anderes als eine Aggression gegen Dich selbst, die Du nicht bewältigt hast.«

4
Drei einfache
Möglichkeiten, das Miteinander
beharrlich einzuüben

Wir leben in einer Zeit, in der nichts teuer und kompliziert genug sein kann, damit die Dummen sich nicht davon die beste Linderung ihrer Hilflosigkeit versprechen. Operationen zur Verschönerung, Medikamente für die Gesundheit, Überfluss für die Befriedigung des Selbstwert-Bedürfnisses und immer schnellere Technik für die Flucht vor sich selbst.

Natürlich ist das alles ein Teil des unbegrenzten Fortschritts, dieser faszinierenden Religion unserer Zeit. Und wie alle Religionen zu allen Zeiten befriedigen die immer neuen Errungenschaften das Bedürfnis, mit fremder Hilfe mehr zu sein als der kleine, unbedeutende Mensch, für den man sich hält.

In uns allen, daran gibt es keinen Zweifel, steckt trotzdem immer ein Instinkt zur Selbstprüfung, der uns in stillen Stunden fragen lässt: »Ist das wirklich alles, was ich mir von meinem Leben erwarte?« Sie können diese Frage beiseite schieben oder Sie können zu den schon so oft zitierten Schlussfolgerungen kommen: Der wahre Fortschritt unserer Zeit ist die Rückkehr zu mir selbst.

In diesem Fall gelangen Sie vermutlich zur Quelle der

Neugier, an der die Suche nach uns selbst mit bekannten Fragen beginnt wie:

- Wer bin ich wirklich?
- Was will ich wirklich?
- Wozu wäre ich wirklich fähig?
- Warum tue ich es nicht?

Die Auseinandersetzung mit sich selbst ist, zumindest nach dem Gesetz des gesunden Egoismus, die beste Voraussetzung für eine Partnerschaft, in der man gemeinsam mehr erreicht, als man allein erreichen könnte.

Lassen Sie uns nach diesen philosophischen Betrachtungen wieder zur Realität des Zusammenlebens zurückkehren, in der einfache Übungen viel mehr bewirken können als das noch so gescheite Sinnieren über die großen, aber unerfüllten Erkenntnisse über die Partnerschaft.

Das Trainingsfeld des Partnerglücks ist das tägliche, bewusste Zusammenleben. Als sinnvolle Alternative zu der allgemeinen Verbissenheit, mit der so viele Leute in die Einsamkeit der Masse in Fußballstadien, vor dem Fernsehgerät oder in ihre Arbeit flüchten. Statt mit dem Partner die Zeit zu nützen, die zum Training des gemeinsamen Glücks noch übrig bleibt.

Wenn man Gescheiten glauben darf, eignen sich drei Bereiche besser als viele aufwändige Angebote – Therapien, Partnerseminare, Eheberatung und Besuche bei Anwälten inbegriffen –, um die Gemeinsamkeit zu trainieren:

1. Die tägliche »Zeit für uns«, über die hier schon so viel gesagt worden ist.
2. Das gemeinsame Gehen.
3. Die sexuelle Beziehung.

Drei einfache Übungen ohne fremde Kontrolle, ohne Leistungsdruck oder den Wettbewerb, in dem einer den anderen besiegen will. Denn selbst das modisch gewordene Laufen hat längst nichts mehr mit Gemeinsamkeit zu tun. Eher dient es dem Gegenteil. Jeder läuft für sich, reguliert das Tempo nach Messgeräten am Handgelenk statt nach den individuellen Bedürfnissen des eigenen Körpers. Man läuft gegen andere, gegen die Uhr, gegen sich selbst oder um irgendetwas zu beweisen. Auch wenn es der eigenen Fitness dient, heißt es nicht, dass es der Gemeinsamkeit förderlich ist.

Wenn ein Fitness-Fanatiker von seinem Training nach Hause kommt, wird er von seinen Erlebnissen erzählen. Und je großartiger er seine Triumphe beschreibt, umso weiter wird er sich innerlich von seinem Partner entfernen, der in der Zwischenzeit vielleicht nichts anderes tat, als daheim zu sitzen und die Zeitung zu lesen.

Wie sollen Partner zusammenfinden, wenn jeder ständig versucht, dem anderen zu beweisen, dass er ihm auf irgendeine Weise überlegen ist?

Was nun das vorgeschlagene gemeinsame Gehen betrifft, so gehört es wahrscheinlich zu den am meisten unterschätzten Partner-Übungen. Zwei Menschen gehen nebeneinander und suchen nach dem gemeinsamen Rhythmus. Sie sehen die gleichen Dinge, und weil jeder sie mit anderen Augen betrachtet, lernt jeder durch das Gespräch die Betrachtungsweise des anderen besser verstehen. Vorausgesetzt natürlich, man hört einander zu.

Lassen Sie sich durch diese ein wenig kitschig klingende Darstellung nicht daran hindern, den möglichen Vorteil dieser Übung wenigstens in Betracht zu ziehen. Sie enthält fast alle wichtigen Komponenten der Gemeinsamkeit wie:

- Die Entscheidung, etwas gemeinsam zu unternehmen, das von keinem Fähigkeiten erfordert, in denen er dem anderen überlegen ist.
- Das Eingehen des einen auf den Rhythmus des anderen, um nebeneinander (und nicht gegeneinander) über das gleiche Thema zu reden. Oder vielleicht auch nur zu erfahren, mit welchen Emotionen wer auf was reagiert.
- Man beginnt ein Vorhaben miteinander und bleibt beisammen, bis es gemeinsam beendet ist.
- Ganz zu schweigen von der Entspannung während des ruhigen Gehens, als Ausgleich zu der Spannung im beruflichen Alltag.

So altmodisch dieser Vorschlag zum regelmäßigen Gehen als Training der Gemeinsamkeit auch klingt: Versuchen Sie es ein-, zwei-, dreimal eine halbe Stunde lang in den nächsten Wochen, und Sie werden staunen, welche Erfordernisse des Miteinander dabei offenbar werden:

- Zuerst müssen Sie lernen, sich auf einen gemeinsamen Termin zu einigen.
- Dann ist jeder gefordert, zugunsten der Gemeinsamkeit auf eigene Prioritäten zu verzichten. Vielleicht geht es nur um die scheinbar unbedeutende Frage, wer bereit ist, auf seine Lieblingssendung im Fernsehen zu verzichten. Und ehe Sie sich versehen haben, steht die aggressionsgeladene Frage im Raum: »Warum bin es immer ich, der nachgeben soll?«

Auf diese Weise bietet sich die Gelegenheit, die Streitkultur einzuüben, noch ehe Sie einen Schritt auf die Straße gesetzt haben.

Weichen Sie diesen anfangs sicherlich ungewohnten Konfrontationen in den kleinen Dingen des Zusammenlebens nicht aus, weil sie Ihnen zu unbedeutend erscheinen. Einer der wichtigen Grundsätze des Trainierens lautet: Löse die kleinen Dinge, dann folgen die großen von selbst. Gemeinsames Gehen bewirkt mehr, als eine Party bei Freunden.

Sie fragen jetzt vielleicht, wie es sich nun mit der erwähnten sexuellen Beziehung als geeignete Partner-Übung verhält. Ganz einfach, genauso wie mit dem Gehen:
- Gemeinsames Entscheiden.
- Den gemeinsamen Rhythmus finden.
- In kleinen Schritten vorgehen.
- Über die verschiedenen Betrachtungsweisen reden, um einander im Laufe des Trainings immer besser kennen zu lernen.

• Gemeinsam beginnen und gemeinsam aufhören.

Ob es die »Zeit für uns« betrifft, das Gehen oder den Sex: Merken Sie nicht auch, dass für jede Art des Miteinander die gleichen Voraussetzungen erforderlich sind? So gesehen, kann das harmonische gemeinsame Gehen durchaus ein geeignetes Training für die harmonische sexuelle Beziehung sein.

Aber darüber können Sie denken, wie Sie wollen. Sie sind ja schließlich Ihr eigener Trainer.

Warum Sie nicht warten sollten, bis jemand anderer Sie zum Glücklichsein zwingt

Alles Trainieren hat nur ein einziges Ziel: Sich die Fähigkeiten aneignen, um etwas zu erreichen, was einem erstrebenswert erscheint. Wenn Ihr Lebensziel alles das ist, was sich in unserer Gesellschaft höchster Wertschätzung erfreut, stehen Sie unter dem Druck der Erfordernisse:

- Um nach oben zu kommen, brauchen Sie die Geduld, so lange zu warten, bis Sie an der Reihe sind. Aber vielleicht schnappt Ihnen ein ehrgeiziger Kollege im letzten Augenblick den Erfolg noch vor der Nase weg. Was dann?
- Um sich gegen Konkurrenten durchzusetzen, dürfen Sie sich keinen Augenblick der Ruhe gönnen. Damit Sie zuschlagen können, wenn der andere eine Schwäche zeigt. Andernfalls erwischt er Sie auf dem falschen Fuß, wenn Sie es am wenigsten erwarten.
- Um Geld einsetzen zu können, das Sie erst verdienen wollen, brauchen Sie das dicke Fell der Schuldner, wenn Ihnen die Banken und Gläubiger auf die Pelle rücken.
- Auf welche Weise Sie auch Karriere machen, immer bestimmen andere die Maßstäbe Ihres Handelns.

Wenn Sie sich dazu entschließen sollten, aus eigener Kraft ein freier und glücklicher Mensch zu sein, haben Sie es ungleich schwerer: Es gibt keine vorgegebenen Maßstäbe, denen Sie sich anpassen könnten. Niemand setzt Sie unter Druck und treibt Sie weiter, wenn Ihre Kräfte nachzulassen drohen. Sie haben auch niemanden, den Sie für Ihr Versagen verantwortlich machen könnten.

Der Zwang durch äußere Umstände ist zweifellos eine starke Kraft, die Menschen zu höchsten Leistungen treibt. Manche sagen ja auch: »Ich brauche jemanden, der mich kräftig in den Hintern tritt, dann komme ich erst so richtig in Fahrt.«

Druck von außen als Zwang zum Handeln. Strafandrohung als Ansporn, um nicht nachzulassen. Angst vor der Blamage, weil nichts schlimmer wäre, als das Gesicht zu verlieren.

Wer sein Leben von diesen Kräften bestimmen lässt, bringt das Zwangs-Prinzip auch in seine Beziehungen ein. Es lautet: »Ich brauche Druck, der mich vorwärts treibt. Ich übe Druck auf andere aus, um sie anzutreiben.«

Autoritäre Eltern sagen dann: »Kinder muss man eben manchmal zu ihrem Glück zwingen.« Sie geben damit nur weiter, was sie selbst als Kinder, als Untergebene, als Schuldner, als Verkäufer, Politiker oder Chefs gelernt haben, die wieder von ihren Chefs getreten werden.

So gesehen, scheitern viele Menschen mit dem Wunsch nach individueller Freiheit und Glück einfach nur daran, dass es niemanden gibt, der sie dazu zwingt. Aber das ist nun einmal die schicksalhafte Abhängigkeit, die Schlaue mit den Dummen in dieser Welt verbindet.

Sind das alles nicht genügend gute Gründe, beharrlich und an jedem Tag die Gemeinsamkeit mit dem Partner zu trainieren? Damit keiner den anderen unter Druck zu setzen braucht. Zwänge mögen Menschen zu außergewöhnlichen Leistungen treiben. Gemeinsames Glück jedoch, das sollten Sie wissen, kann niemand erzwingen.

6
Fassen wir zusammen,
ehe Sie weiterlesen

Alles Trainieren hat nur ein einziges Ziel: Sich die Fähigkeiten anzueignen, um etwas zu erreichen, was einem erstrebenswert erscheint. Zwei Möglichkeiten stehen Ihnen zur Verfügung: Entweder Sie unterwerfen sich dem Zwangs-Prinzip, oder Sie bestimmen Ihr Lebenstraining selbst.

Wenn der ewige Kampf um die Vorherrschaft eine Beziehung bestimmt, wird es Sieger und Verlierer geben. Aber es ist nicht sehr wahrscheinlich, dass die Partner gemeinsam glücklich sein können.

Gemeinsames Glück kann es nur geben, wenn Sie mit dem Partner die Fähigkeit trainieren, Hindernisse zu meistern, statt ihnen aus dem Weg zu gehen. Tun Sie es in kleinen Schritten. Denn eine alte Weisheit besagt: Lernen Sie, die kleinen Probleme zu lösen, dann lösen sich die großen ganz von selbst.

Siebente Übung

Lernen Sie gemeinsam aus allen Fehlern, statt immer sofort nach einem Schuldigen zu suchen

1. *Kontrollieren Sie Ihr Handeln selbst, damit es nicht andere zu Ihrem Nachteil tun*

2. *Der Motor jeder Selbstkontrolle ist die Frage nach dem Warum*

3. *Wer sich die eigenen Ängste eingesteht, versteht die Ängste des Partners besser*

4. *Üben Sie das Partner-Training in kleinen Schritten, aber folgen Sie dem großen Ziel*

5. *Fassen wir zusammen, ehe Sie dieses Buch aus der Hand legen*

1
Kontrollieren Sie Ihr Handeln selbst, damit es nicht andere zu Ihrem Nachteil tun

Die letzte Übung des Partner-Trainings handelt von der Selbstkontrolle. Wohlgemerkt: von der Selbstkontrolle und nicht der Kontrolle durch jemand anderen. Auch nicht durch den Partner. Wenn er Sie kontrollieren würde – sozusagen als eine übergeordnete Instanz –, wäre er nicht mehr Ihr Partner, sondern Ihr Trainer. Und das wäre das Gegenteil der Absicht dieses Programms. Sie wissen ja: »Zuerst allein, dann gemeinsam.«

Zuerst übernehmen Sie selbst die Verantwortung für Ihre Freiheit und Ihr Glück, ehe Sie sich mit dem Partner zusammen um das gemeinsame Glück bemühen.

Kontrolle ist eine der drei Grundlagen jedes Lernens. Vergessen Sie es nicht:
- Sie haben ein konkretes Ziel. Dazu gehört es auch, den Zeitpunkt festzulegen, zu dem Sie es erreichen wollen.
- Sie haben ein Programm, wie Sie sich die Fähigkeiten aneignen wollen, die zum Erreichen des Ziels notwendig sind.
- Sie prüfen das Ergebnis Ihrer Bemühungen, um aus Erfolgen und Fehlern dazuzulernen.

In unserer Gesellschaft, in der die Schlauen immer perfektere Methoden erfinden, um den Bürger lückenlos zu kontrollieren, mag es ziemlich antiquiert klingen, wenn hier von »Selbstkontrolle« die Rede ist.

Wer heute wissen möchte, wie es um seinen Blutdruck bestellt ist, lässt ihn vom Arzt kontrollieren. An Fernsehgeräten werden Apparate angebracht, um zu registrieren, wer zu welcher Zeit welche Sendung sieht. Filme werden danach kontrolliert, ob Kinder sie sehen dürfen, und auf den Autobahnen lauern die Kontrolleure, um die Geschwindigkeit oder den Alkohol in unserem Blut zu kontrollieren.

An alles das – und noch an vieles andere – haben sich die meisten Menschen längst gewöhnt. Es fällt ihnen gar nicht mehr auf, dass ihnen ihr Leben längst außer Kontrolle geraten ist. Kein Wunder: Wer kein eigenes Ziel und keinen Plan für sein Leben hat, besitzt schließlich auch nichts, was er selbst kontrollieren könnte.

Kontrolle ist das Instrument der Schlauen, mit dem sie den Dummen Angst einjagen, um sie dann damit zu erpressen. Wenn es Ihre Absicht ist, in einer Beziehung die Herrschaft über den Partner auszuüben, dann wissen Sie jetzt, was zu tun ist: Üben Sie Ihre Macht durch Kontrolle aus.

Zu den heuchlerischen Varianten der Machtkontrolle gehört die »Strategie von Lob und Kritik«. Jeder, der einen anderen lobt oder kritisiert, schickt damit ganz automatisch die Botschaft aus: »Ich bin besser, gescheiter und überlegener und weiß etwas, was Du nicht weißt.«

Durch Lob und Kritik – ob berechtigt oder nur scheinhei-
lig – nimmt der Schlaue dem Dummen von vornherein
die Chance, sich selbst ein Urteil über sein Handeln zu
bilden.

Es ist, wie leicht zu erkennen ist, das Spiel des Gegeneinander um die Vorherrschaft. Deshalb gehört es zu den
wichtigen Entscheidungen in einer konstruktiven Partnerschaft, alle Arten von Kontrolle gemeinsam auszuüben. Oder, um es noch deutlicher zu sagen:

- Jeder kontrolliert zuerst sein Denken und Handeln
  selbst, ehe er gemeinsam mit dem Partner prüft, welche
  Fortschritte oder Fehler sie bei ihren Bemühungen gemacht haben.
- Dabei sollten Sie zwei Grundsätze beachten. Erstens:
  Niemals kritisiert einer den anderen. Zweitens: Es gibt
  keinen Schuldigen, sondern nur die Entschlossenheit,
  aus allen Erfahrungen zu lernen, es beim nächsten Mal
  besser zu machen.

2
Der Motor jeder Selbstkontrolle ist die Frage nach dem Warum

Was immer Sie in Ihrem Leben wissen wollen, Sie können es erfahren, wenn Sie immer neue Fragen stellen. Es sind die Fragen nach dem Wer, Was, Wann, Wie und Wo. Und dann ist da noch die Frage nach dem Warum. Sie ist das wichtigste Instrument der Selbstkontrolle.

Alles, was wir tun, hat – wie wir wissen sollten – seine ganz bestimmte Ursache in uns selbst. Wir können die Suche danach verdrängen oder nach Ersatz-Antworten suchen. Vielleicht, indem wir jemand anderen für etwas verantwortlich machen, für das wir nur selbst verantwortlich sein können. Oder indem wir das anonyme Schicksal zu Hilfe rufen. Dann sagen wir nicht selten: »Ich habe halt wieder einmal Pech gehabt.«

Dabei gibt es kein »Pech«, aus dem Sie nicht lernen könnten, beim nächsten Mal einen Gewinn zu machen. Vorausgesetzt, Sie setzen den Motor des Lernens in Gang. Fragen Sie beharrlich, bis Sie an die Ursache Ihres Fehlers stoßen: »Warum habe ich nicht erreicht, was ich erreichen wollte?«
Fragen Sie nicht: »Wer oder was ist schuld?«, sondern suchen Sie die Antwort immer nur bei einer einzigen Quel-

le. Bei sich selbst. Wenn Sie eine Antwort gefunden haben, sollten Sie sich damit nicht zufrieden geben. Fragen Sie weiter: »Was kann ich jetzt tun, nachdem ich die Ursache kenne?«

Wissen Sie, wo der einzigartige Vorteil der Partnerschaft bei diesem Vorgang der Selbstkontrolle liegt? Es ist die doppelte Kreativität bei der Suche nach der besten Lösung.

Dieser Vorteil kann allerdings nur dann genützt werden, wenn die Suche miteinander und nicht gegeneinander stattfindet. Schon der eine Satz: »Da hast Du wieder einmal Quatsch gemacht« oder: »Gib doch zu, dass Du schuld an diesem Fehler bist«, zerstört alle Voraussetzungen für die kreative Suche nach der besten gemeinsamen Lösung, für die jeder seine Ideen einbringen kann.

Natürlich spielt die Selbstkontrolle auch für den Dialog eine nicht unbedeutende Rolle. Etwa, wenn Sie den Partner nicht ausreden lassen. Warum tun Sie es?

- Haben Sie Angst, dass er etwas sagen könnte, was Ihnen nicht angenehm wäre?
- Wollen Sie verhindern, dass sich eine andere Lösung als Ihre eigene als die bessere herausstellt?
- Wollen Sie einfach nur Autorität vortäuschen, weil es Ihnen gar nicht um die beste Lösung, sondern nur um die Demonstration Ihrer Überlegenheit dem Partner gegenüber geht?

Wie Sie sehen, ist Selbstkontrolle ein beachtenswerter Faktor im Miteinander, um das Gegeneinander zu verhindern. Viele Dialoge unter Partnern leiden auch daran, dass nicht eigene Maßstäbe, Meinungen oder Bedürfnisse ins Spiel gebracht werden, sondern Informationen und Erfahrungen aus zweiter oder dritter Hand.

Wenn Sie mit Ihrem Partner ein gemeinsames Ziel, einen Plan und Grundsätze für Ihr Zusammenleben festgelegt haben, besitzen Sie etwas, das niemand anderer besser beurteilen kann als nur Sie beide. Mit jeder Versuchung, sich bei einem guten Freund oder einer Freundin Ratschläge zu holen oder sich auszuweinen, sollte ein Warnsignal verbunden sein: Warum klären Sie ein Problem, das Sie mit dem Partner haben, nicht mit ihm? Wovor haben Sie Angst? Von wem erwarten Sie eine Lösung?

3
Wer sich die eigenen Ängste eingesteht, versteht die Ängste des Partners besser

Kommen wir nun zu jener Eigenschaft zurück, die schon Millionen Beziehungen zum Verhängnis wurde: die Angst in ihren vielfältigen Formen.

Was sie so gefährlich macht, ist der Umgang mit ihr. Die einen benützen sie als Instrument der Erziehung und Erpressung. Die anderen sind ihr hilflos ausgeliefert, weil sie nie gelernt haben, sich ihr zu stellen, statt vor ihr zu flüchten.

Zu Ihrer Erinnerung hier noch einmal die drei großen Ängste:
- Die Angst, etwas falsch zu machen und dafür bestraft zu werden.
- Die Angst, dass uns etwas weggenommen wird, woran man uns gewöhnt hat.
- Die Angst vor dem Ungewissen, dem wir uns nicht gewachsen fühlen.

Wie trainiert man, die Ängste zu kontrollieren, statt sich von ihnen beherrschen zu lassen?

Gescheite meinen, es gäbe dafür eine einzige gültige Regel. Sie lautet: »Schau der Angst entschlossen ins Gesicht, statt vor ihr wegzulaufen.«

Warum so viele Partner ihre Ängste voreinander verbergen, ist nicht verwunderlich: Sie haben es nicht besser gelernt. Ein Kind, das für seine Fehler von den Eltern immer nur bestraft wird, lernt vermutlich nie, seine Fehler zu vermeiden. Viel eher nützt es seine kreativen Fähigkeiten, um sie ideenreich zu verbergen oder zu rechtfertigen.

Die elterliche Autorität, der die Angst vor Strafe als Mittel der Bedrohung dient, ist nur der Anfang eines lebenslangen Trainings. Nur die Trainer ändern sich dabei. Nach den Eltern übernehmen die Lehrer und Chefs das Zepter. Später sind es der Staat und alle, die uns mit der Formel drohen: »Wenn Du nicht kaufst, was andere auch haben, wirst du mit Verachtung bestraft.«

Und über allem schwebt die Angst, die von den meisten längst nicht mehr wahrgenommen wird. Wer von Kindheit an gelernt hat, dass es besser ist, Stärke vorzutäuschen, als über seine Ängste zu reden, wird später seine Kinder nach dem gleichen Prinzip erziehen.

Es ist das Prinzip des Gegeneinander, in dem nur der gewinnt, der es besser versteht, den anderen Angst zu machen und seine eigenen Schwächen zu verbergen.

Wie Sie sehen, mündet jede Betrachtung des Themas »Partnerschaft« unweigerlich in diese eine, alles entscheidende Frage: Gegeneinander oder miteinander?

Mit der Entscheidung zum Miteinander verhält es sich

ähnlich wie mit dem Treueschwur am Traualtar: Man verspricht leichtfertig etwas, von dem man nicht die geringste Ahnung hat, wie man es auch halten könnte.

Oder haben Sie schon jemals daran gedacht, dass gefällige Versprechungen, wie »Ich liebe Dich« oder »Ich bin Dir ewig treu« nichts anderes sind als das Saatgut, aus dem die zweifachen Ängste wachsen?

- Wer die versprochene Treue erwartet, muss mit der ständigen Angst leben, dass sie eines Tages gebrochen wird.
- Wer die Treue versprochen, aber dann doch gebrochen hat, wird mit dem Schuldgefühl leben müssen, wenn der Partner es eines Tages entdeckt. Und Schuldgefühle gehören zu den schmerzlichsten Formen von Angst.

Jede unausgesprochene Angst zwischen zwei Partnern, sei sie berechtigt oder unberechtigt, bedeutet ein Gegeneinander. Das Miteinander beginnt erst mit der Fähigkeit, über alles miteinander sprechen zu können, weil keiner vor dem Partner Angst zu haben braucht.

Vielleicht wird Ihnen in diesem Zusammenhang noch deutlicher bewusst, welche wichtige Rolle die tägliche »Zeit für uns« dabei spielen kann. Sie ist die Chance, sich von seiner Angst durch die Aussprache zu befreien.

Das Bekenntnis »Ich gestehe meine Angst offen ein, weil sie durch Verdrängung außer Kontrolle geriete«, bedeutet die Bereitschaft, sich einer Angst zu stellen, statt vor ihr zu flüchten. Mit dem Partner darüber zu reden, ist ein Schritt der Befreiung.

Im kritischen Moment denken Sie vielleicht: »Wie wird der andere darauf reagieren?« Es ist das alte Verhaltensmuster unserer Erziehung, zuerst an die Befindlichkeit des anderen zu denken statt an den eigenen Nutzen.

Der eigene Nutzen beim Training des offenen Dialogs mit dem Partner über Ihre Ängste überwiegt jeden Nachteil. Gleichgültig, wie der Partner darauf reagiert: Sie sind es, der es geschafft hat, über Ihre Angst zu reden. Dieser Nutzen wiegt alles andere auf.

Die Angst gehört zu den Themen, von denen wir gelernt haben: »Darüber spricht man nicht.« Wer Angst zeigt, wird verachtet. Er ist erpressbar. Deshalb ist es besser, man spricht nicht darüber. Ist es nicht genau das, was dem Miteinander als Hindernis im Weg steht?

Trainieren Sie den Umgang mit Ihren Ängsten in kleinen Schritten und ohne Ungeduld. Und beginnen Sie mit jedem Trainings-Schritt bei sich selbst. Wenn Sie sich die Frage stellen: »Wovor habe ich Angst?«, trainieren Sie das Miteinander. Wenn Sie sich fragen: »Wie mache ich mir die Angst des Partners zunutze, um meine eigene Angst zu verbergen?«, trainieren Sie das Gegeneinander.

So betrachtet, beginnt das Training damit, dass Sie Ihr eigenes Denken kontrollieren. Und genau das ist es, wozu

Sie diese letzte Übung des Partner-Trainings anregen soll: Selbstkontrolle.

4
Üben Sie das Partner-Training in kleinen Schritten, aber folgen Sie dem großen Ziel

»Wo stehe ich heute? Woher komme ich? Wohin will ich gehen?« Wenn dies tatsächlich die bedeutendsten Fragen das Lebens sind: Haben Sie schon eine Antwort gefunden? Oder gehen Sie ihr aus dem Weg, weil es viel bequemer ist, den Zielen, Geboten, Verboten und Verlockungen anderer Leute zu folgen?

Wohin Sie auch gehen, alles beginnt mit der Entscheidung: Verlasse ich mich darauf, dass andere mich glücklich machen? Oder trainiere ich selbst die Fähigkeiten, die erforderlich sind, um ein freier und glücklicher Mensch zu sein?

Kehren wir an den Ausgangspunkt des vorliegenden Programms zurück:
- Machen Sie sich bewusst, worin das Ziel Ihres eigenen Lebens besteht und wie Sie es erreichen wollen. Es ist das wertvollste Kapital, das Sie in eine Partnerschaft einbringen können.
- Entscheiden Sie rechtzeitig, ob Sie als Schlauer den Partner beherrschen oder sich als Dummer seiner Autorität unterwerfen wollen. Oder ob Sie das Gegeneinander durch das Miteinander ersetzen wollen.
- Erwarten Sie nicht, dass die Entscheidung für Gemeinsamkeit allein genügt. Sie ist nur der Anfang des Part-

ner-Trainings. Wenn Sie mit Ihrem Partner an jedem Tag glücklich sein wollen, bleibt es Ihnen nicht erspart, auch an jedem einzelnen Tag gemeinsam die Probleme zu lösen, die diesem Glück im Weg stehen.

Vergessen Sie nicht, dass Zweifel und Ungeduld die gefährlichsten Gegner jedes Trainings sind. Wenn Sie von Kindheit an darauf trainiert wurden, sich anzupassen, Problemen auszuweichen und Ihre Ängste zu verdrängen, dürfen Sie nicht erwarten, dass Sie Ihr Leben von einem Tag zum nächsten ändern können. Tun Sie es in kleinen Schritten, Tag für Tag, und geben Sie sich für den Rest Ihres Lebens Zeit dafür.

5
Fassen wir zusammen, ehe Sie dieses Buch aus der Hand legen

Das Ziel dieser letzten Übung im Partner-Training ist die Selbstkontrolle. Nicht die Kontrolle des Partners, auch nicht der Vergleich mit dem, was andere für richtig halten. Selbstkontrolle im Zusammenleben mit dem Partner bedeutet: Ich löse zuerst meine eigenen Probleme, damit ich gemeinsam mit dem Partner die gemeinsamen Probleme lösen kann.

Der Maßstab, an dem Sie Ihre Handlung als Partner messen sollten, ist immer das Ziel, das eine Partnerschaft erst sinnvoll macht: »Wir wollen gemeinsam mehr erreichen, als jeder von uns allein erreichen könnte.«

Es gibt zwei Ebenen der Selbstkontrolle: Die Kontrolle Ihres Denkens, mit dem Sie darüber entscheiden, mit welchen Botschaften Sie Ihr Unterbewusstsein programmieren. Und die Kontrolle Ihres Handelns, bei der Sie die Ursache von Erfolgen und Misserfolgen zu ergründen versuchen, um daraus für den nächsten Versuch zu lernen.

Für die Kontrolle des Handelns stehen Ihnen zwei Fragen zur Verfügung:
- Die Frage: Was habe ich wie getan, und entspricht es dem, was ich tun wollte?

- Und die Frage: Warum habe ich es so getan und nicht anders?

Diese Anregung zur Selbstkontrolle ist die letzte Übung des Partner-Trainings. Aber wenn Sie es recht bedenken, werden Sie vermutlich zu dem Schluss kommen, dass Sie dorthin zurückgekehrt sind, wo alles begann: bei der Bewusstmachung der Zusammenhänge, die wir kennen sollten, ehe wir uns für eine Partnerschaft entscheiden.

Welche Schlussfolgerungen Sie für sich aus diesem Programm auch gezogen haben – irgendwann kommt mit Sicherheit der Zeitpunkt, an dem Sie sich fragen werden: Was habe ich daraus gemacht? Vielleicht fragen Sie sich auch: Warum habe ich nicht mehr gemacht?

Aber wenn Sie erst einmal beschlossen haben, Ihr eigener Trainer auf dem Weg zu einer glücklichen Partnerschaft zu sein, kann niemand Sie daran hindern, jederzeit nachzuholen, was Sie für notwendig halten.

Nachwort

Lieber Leser, liebe Leserin, wenn Sie dieses Buch bis hierher gelesen haben, fühle ich mich Ihnen gegenüber zu einer Erklärung verpflichtet. Sie sollten wissen, wer ich bin und was mich veranlasst hat, dieses Buch zu schreiben.

Ich halte nicht viel von Experten, Wissenschaftlern, so genannten Autoritäten und Lebenshelfern, für die wir und unsere Bedürfnisse nur ein Anlass sind, sich selbst zu bestätigen.

Ich bin 70 Jahre alt, seit 40 Jahren glücklich verheiratet und lebe mit meiner Frau, meinen Söhnen, ihren Frauen und unseren Enkelkindern in einer glücklichen Partnerschaft, aus der ich alle die Erfahrungen gewonnen habe, die ich versuche, an Sie weiterzugeben.

Was Sie in diesem Buch gelesen haben, ist die Erfahrung meines Lebens. Keine Wahrheiten, keine Lehren und keine Behauptungen, die ich nicht selbst gewonnen hätte. Ich bin fest davon überzeugt: Der Weg zur Erkenntnis ist das Risiko, sich auf das Leben einzulassen.

Nehmen Sie dieses Buch als das, was es sein soll: Eine Anregung, die Sie nur dann für sich nützen können, wenn Sie bereit sind, sie auf Ihre Weise zu modifizieren. Das ist meine Vorstellung des gesunden Egoismus, als eine von vielen Alternativen zur Verwirklichung des Lebens als der, der wir wirklich sind.

Ich habe in den vergangenen Jahrzehnten als Autor die Erfahrung gemacht, dass manche meiner Leser mir sagten: »Ein einziger Satz in einem ihrer Bücher hat mein Leben verändert.« Meine Antwort ist immer: »Niemand anderer kann Ihr Leben ändern als Sie selbst.«

Das Leben ist ein faszinierendes Abenteuer. Es liegt an jedem selbst, das Beste für sich und seine Partner daraus zu machen.

Das Praxisbuch zur Egoisten-Bibel

Josef Kirschner

Das Egoisten-Training

»Glaube keinem, nur dir selbst«

Nach dem sensationellen Erfolg seiner Egoisten-Bibel legt
der provokante Lebensphilosoph Josef Kirschner jetzt ein
Trainingsprogramm mit sieben effektiven Übungen vor.

Eine zwingende Strategie, sich aus der Bevormundung
durch die Gesellschaft zu befreien, um als gesunder Egoist das Leben zu führen, das man schon immer führen
wollte.

Knaur

Josef Kirschner
Das Partner-Training

Miteinander statt gegeneinander!

»Egoisten sind bessere Partner als alle, die mit sich selbst nicht fertig werden«, behauptet Josef Kirschner und fordert, sich nicht an anerzogene Verhaltensregeln zu klammern, sondern eigene Ideen und Möglichkeiten auszuschöpfen.

»Gemeinsames Glück in der Partnerschaft fordert gemeinsame Verantwortung.« Deshalb trainiert Kirschner das Miteinander, in dessen Mittelpunkt ein Ritual mit dem Namen »Die tägliche Zeit für uns« steht. Es ist ein Ritual des Partner-Dialogs, der in vielen Beziehungen verloren ging.

208 Seiten, ISBN 3-7766-2235-0
Herbig

Lesetipp

BUCHVERLAGE
LANGEN MÜLLER HERBIG
WWW.HERBIG.NET